SÉRIE POLÍTICAS SOCIAIS PÚBLICAS

DIA_ÓGICA

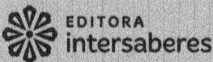

O selo DIALÓGICA da Editora InterSaberes faz referência às publicações que privilegiam uma linguagem na qual o autor dialoga com o leitor por meio de recursos textuais e visuais, o que torna o conteúdo muito mais dinâmico. São livros que criam um ambiente de interação com o leitor – seu universo cultural, social e de elaboração de conhecimentos –, possibilitando um real processo de interlocução para que a comunicação se efetive.

Políticas sociais de atenção à criança, ao adolescente e à mulher

Amelia Aparecida Lopes Vieira Branco
Gustavo Fernandes Emilio
Nilza Pinheiro dos Santos

Conselho editorial
Dr. Ivo José Both (presidente)
Dra. Elena Godoy
Dr. Neri dos Santos
Dr. Ulf Gregor Baranow

Editora-chefe
Lindsay Azambuja

Gerente editorial
Ariadne Nunes Wenger

Preparação de originais
Mariana Bordignon

Edição de texto
Letra & Língua Ltda.
Gustavo Piratello de Castro

Projeto gráfico
Laís Galvão

Capa
Laís Galvão (*design*)
santypan/Shutterstock (imagem)

Diagramação
Estúdio Nótua

Equipe de *design*
Mayra Yoshizawa
Charles L. da Silva

Iconografia
Sandra Lopis da Silveira
Regina Claudia Cruz Prestes

Dados Internacionais de Catalogação na Publicação (CIP)
(Câmara Brasileira do Livro, SP, Brasil)

Branco, Amelia Aparecida Lopes Vieira
  Políticas sociais de atenção à criança, ao adolescente e à mulher/ Amelia Aparecida Lopes Vieira Branco, Gustavo Fernandes Emilio, Nilza Pinheiro dos Santos. Curitiba: InterSaberes, 2020.
  (Série Políticas Sociais Públicas)

  Bibliografia.
  ISBN 978-65-5517-030-6

  1. Brasil – Política social 2. Constituição – 1988 – Brasil 3. Crianças e adolescentes – Direitos 4. Mulheres – Direitos – Brasil 5. Mulheres – Leis e legislação – Brasil 6. Política de saúde – Brasil 7. Políticas públicas 8. Previdência social – Brasil 9. Seguridade social – Brasil I. Emilio, Gustavo Fernandes. II. Santos, Nilza Pinheiro dos. III. Título. IV. Série.

20-34077   CDD-361.610981

Índices para catálogo sistemático:
1. Brasil: Crianças: Adolescentes: Mulheres: Políticas sociais 361.610981

Cibele Maria Dias – Bibliotecária – CRB-8/9427

1ª edição, 2020.
Foi feito o depósito legal.

Informamos que é de inteira responsabilidade dos autores a emissão de conceitos.

Nenhuma parte desta publicação poderá ser reproduzida por qualquer meio ou forma sem a prévia autorização da Editora InterSaberes.

A violação dos direitos autorais é crime estabelecido na Lei n. 9.610/1998 e punido pelo art. 184 do Código Penal.

Rua Clara Vendramin, 58 ▪ Mossunguê ▪ CEP 81200-170 ▪ Curitiba ▪ PR ▪ Brasil
Fone: (41) 2106-4170 ▪ www.intersaberes.com ▪ editora@editoraintersaberes.com.br

Sumário

Apresentação | 7
Como aproveitar ao máximo este livro | 10

1. **Direito administrativo e sua importância para a consolidação da política de seguridade social no Brasil | 15**
   1.1 Princípios do direito administrativo | 20

2. **Política de seguridade social | 35**
   2.1 Funcionamento da política de seguridade social no âmbito constitucional | 43
   2.2 Política da saúde | 46
   2.3 Política de previdência social | 48
   2.4 Política de assistência social | 50
   2.5 Desafios do serviço social para atuar de forma propositiva na seguridade social da complexa sociedade capitalista | 57

3. **Evolução dos direitos da criança no Brasil | 65**
   3.1 Brasil Colônia (1500-1822) | 67
   3.2 Brasil Império (1822-1889) | 74
   3.3 Brasil República (1889-dias atuais) | 77
   3.4 Doutrina da proteção integral | 85

4. **Política de atendimento da criança e do adolescente | 91**
   4.1 Prioridade da criança e do adolescente na Constituição brasileira | 93
   4.2 Atendimento à criança no Brasil | 97
   4.3 A criança, o adolescente e os princípios do Estatuto da Criança e do Adolescente | 105

5. **Sistema de Garantia dos Direitos da Criança e do Adolescente | 113**
    5.1 Objetivos do Estatuto da Criança e do Adolescente | 115
    5.2 Diretrizes da política de atendimento | 116
    5.3 Instituição do Sistema de Garantias dos Direitos da Criança e do Adolescente | 121
    5.4 Conselho Municipal dos Direitos da Criança e do Adolescente | 124
    5.5 Registro das entidades | 129
    5.6 Conselho Tutelar | 129
    5.7 Fundo Municipal dos Direitos da Criança e do Adolescente | 131

6. **Evolução dos direitos da mulher na legislação brasileira | 139**
    6.1 Percurso histórico | 141
    6.2 Estatuto da Mulher Casada | 144
    6.3 Princípio da igualdade da Constituição Federal de 1967 | 145
    6.4 Lei do Divórcio | 146
    6.5 A mulher na Constituição Federal de 1988 | 147
    6.6 Lei Maria da Penha e Lei do Feminicídio | 148
    6.7 Trajetória da mulher nas políticas públicas | 152
    6.8 Política Nacional de Atenção Integral à Saúde da Mulher | 155

Considerações finais | 173
Referências | 177
Respostas | 187
Sobre os autores | 191

Apresentação

A abordagem do tema da política de seguridade social voltada para a infância, a adolescência e a mulher precisa ser realizada com base em um estudo segmentado e abrangente de diversas áreas que cooperam para a formação dos fatos sociais e das normas jurídicas que envolvem a temática.
Em razão da profundidade do assunto, dividimos a obra em seis capítulos. No primeiro, iniciamos pelo pressuposto da aplicabilidade dos princípios do direito administrativo explícitos, previstos no *caput* do art. 37 da Constituição Federal de 1988, onde foram elencados os princípios da legalidade, da publicidade e da eficiência, assim como o princípio implícito da motivação, compreendendo reflexões acerca da análise crítica da realidade. Para contextualizar, apresentamos ao leitor um conjunto de conceitos jurídicos a fim de provocar

a percepção de mecanismos para que um direito deixe de ser "letra morta" e passe a ser efetivado concretamente.

No segundo capítulo, discorremos sobre a política de seguridade social constante no ordenamento jurídico pátrio – saúde, previdência social e assistência social – à luz das políticas da criança, do adolescente e da mulher, evidenciando uma nova concepção de política pública que permeia a descentralização político-administrativa, apoiando e fortalecendo a participação da sociedade civil organizada, conforme preconiza o art. 204 da Carta Magna. Ainda, explanamos brevemente sobre a política de seguridade social e os desafios do serviço social para atuar de forma propositiva na complexa sociedade capitalista.

No terceiro capítulo, fazemos uma abordagem histórica da evolução dos direitos da criança no Brasil desde a época colonial, associando feitos notórios de nossa história aos relatos do que ocorria com as crianças e os adolescentes. Esboçamos também os primórdios das políticas públicas de proteção e a convergência da legislação, referida cronologicamente até os dias atuais.

No quarto capítulo, tratamos das políticas de atendimento à criança e ao adolescente, desde a análise inicial sob a ótica constitucional, com aprofundamentos na política de proteção integral e sua efetividade. Além disso, realizamos um exame minucioso dos princípios encontrados no Estatuto da Criança e do Adolescente – ECA atinentes à discussão.

Na sequência, o Sistema de Garantia dos Direitos da Criança e do Adolescente – SGDCA é desnivelado no quinto capítulo. Analisamos desde a construção e a implementação dos mecanismos-chave, dos princípios e das diretrizes norteadores da articulação da rede até a municipalização pelos setores competentes, objetivando a efetividade de suas ações.

Por fim, no sexto capítulo, discutimos a evolução dos direitos da mulher na legislação brasileira, oferecendo ao leitor a possibilidade de ampliar sua visão crítico-reflexiva ao prover comentários sobre alguns dos principais marcos legislativos dessa temática, de modo a contextualizar o momento presente e fomentar debates sobre os desafios vividos pela mulher na incessante luta em prol de sua emancipação individual e coletiva.

Esta obra não tem a pretensão de esgotar o estudo do tema, pois compreendemos que é possível apresentá-lo ao leitor por diferentes vertentes, e cada uma apontará diversas provocações reflexivas que contribuirão para o constante pensar sobre a garantia e a efetivação de direitos.

Com efeito, os direitos infantojuvenis e da mulher, baseados na legislação constitucional e infraconstitucional, têm ampla sustentação jurídica, mas, na prática, nem sempre essa garantia se faz presente. Assim, é importante debatermos e analisarmos os direitos previstos legalmente, seus operadores, suas responsabilidades perante esses direitos e a quem cabe garanti-los.

Esperamos que este trabalho contribua para a compreensão e o aprofundamento do entendimento sobre a importância da consolidação das políticas de seguridade social na égide da ampliação da gestão pública democrática e participativa em todo o território nacional, incorporando os avanços com caráter democrático referente à inclusão social e sua emancipação.

Como aproveitar ao máximo este livro

Empregamos nesta obra recursos que visam enriquecer seu aprendizado, facilitar a compreensão dos conteúdos e tornar a leitura mais dinâmica. Conheça a seguir cada uma dessas ferramentas e saiba como elas estão distribuídas no decorrer deste livro para bem aproveitá-las.

Conteúdos do capítulo:

Logo na abertura do capítulo, relacionamos os conteúdos que nele serão abordados.

Após o estudo deste capítulo, você será capaz de:

Antes de iniciarmos nossa abordagem, listamos as habilidades trabalhadas no capítulo e os conhecimentos que você assimilará no decorrer do texto.

Conteúdos do capítulo:

- Direito administrativo e sua importância para a consolidação da política de seguridade social no Brasil.
- Princípios de direito administrativo: legalidade, publicidade, eficiência e motivação.

Após o estudo deste capítulo, você será capaz de:

1. contextualizar a importância do direito administrativo e seus princípios para a consolidação da política de seguridade social;
2. discorrer sobre alguns princípios da Administração Pública e a exigibilidade legal de garantir direitos fundamentais.

constantes questionamentos sobre a morosidade de atuação, que só acarreta o aumento das lacunas para a inclusão de outros direitos, uma vez que a sociedade encontra-se em constante transformação.

Fique atento!
Para abordar com profundidade as políticas sociais, fazemos alusão, mais uma vez, à importância da Constituição Federal de 1988, a qual permitiu o reconhecimento dos direitos em todos os âmbitos e sua proclamação oficial.

O art. 1º da Carta Magna trata dos direitos fundamentais, evocando, no inciso III, a dignidade da pessoa humana, que resguarda juridicamente a necessidade de respeitar o ser humano em sua integralidade, valorizando os direitos sociais.

É lógico que, para tratarmos do princípio da dignidade humana, teríamos que nos aprofundar para compreendê-lo com propriedade. Cabe ressaltar que nosso objetivo é adentrar no tema central desta obra. Fizemos menção a esse princípio para provocar no leitor a curiosidade de pesquisar sobre o tema e, assim, relacioná-lo à política de seguridade social.

Na perspectiva de conceituar a política de seguridade social, podemos dizer que se trata de um sistema de proteção social que integra a saúde, a previdência social e a assistência social. Nessa política, existem a articulação e a integração, visando estabelecer a minimização da desigualdade social com o objetivo de que a sociedade seja mais justa e igualitária.

> A proteção social no Brasil está inserida na concepção de seguridade social, isto é, no conjunto de seguranças sociais que uma sociedade, de forma solidária, garante a seus membros. Portanto, a centralidade está no processo histórico de cada sociedade e nele o trânsito pelo qual determinadas condições sociais de dignidade e sobrevivência são asseguradas enquanto um direito social universal. (Sposati, 2013, p. 663)

Fique atento!
Ao longo de nossa explanação, destacamos informações essenciais para a compreensão dos temas tratados nos capítulos.

Síntese
Ao final de cada capítulo, relacionamos as principais informações nele abordadas a fim de que você avalie as conclusões a que chegou, confirmando-as ou redefinindo-as.

Síntese
É importante para o serviço social repensar a política de seguridade social por meio de um estudo crítico e reflexivo, utilizando como base o direito administrativo e seus princípios para consolidar os direitos sociais.

A partir da promulgação da Constituição Federal de 1988, ocorre a consolidação dos direitos sociais no território nacional, estabelecendo caráter emancipador e a possibilidade do acesso aos direitos constitucionalmente regulamentados.

Na prática, a Carta Magna confrontou-se com a desigualdade social e teve como desafio a incorporação de um novo ordenamento jurídico democrático que permitisse a participação da sociedade civil organizada e a aplicação de um processo que possibilitasse a utilização de um viés ético-político para atender às expectativas vigentes.

Cabe ressaltar que a doutrina aborda a incoerência quando se fala da supremacia do interesse público, pois o Estado Democrático de Direito não defende apenas a maioria, mas todas as pessoas que tenham seus direitos violados.

Assim, é importante entender que interesse público deve ser tratado no plural. Nesse contexto, os princípios estudados neste capítulo propiciaram a ideia de que um cidadão não pode ser superior ao outro. Todos desenvolvem um papel fundamental, mas, quando somados, conseguem um fortalecimento que contribui para que a Administração Pública possa exercer seu papel de maneira ética, transparente e sempre visando ao bem comum.

Portanto, aludir à aplicabilidade dos princípios do direito administrativo na garantia e no fortalecimento da política de seguridade social assegura a equidade e garante a supremacia legal.

Os princípios explícitos e implícitos encontram-se na Constituição Federal de 1988 e demonstram potencial emancipatório e, se bem aplicados pelo Estado, garantem a seguridade social.

O direito administrativo obteve caráter emancipador após a promulgação da Constituição de 1988, demonstrando uma ascensão democrática considerável, que definiu o papel legítimo oriundo da transformação do Estado Democrático de Direito, visando à efetividade dos direitos e à democratização das ações do agente público.

Esperamos que os princípios aqui tratados viabilizem um entendimento mais abrangente do funcionamento do Estado, o qual tem o dever de cumprir os princípios jurídicos para efetivar a política de seguridade social e as demais políticas públicas.

Questões para revisão

Ao realizar estas atividades, você poderá rever os principais conceitos analisados. Ao final do livro, disponibilizamos as respostas às questões para a verificação de sua aprendizagem.

1. A Administração Pública tem como função principal:
   a) servir aos interesses públicos.
   b) servir aos interesses privados.
   c) servir aos interesses públicos e privados.
   d) Todas as alternativas estão incorretas.

2. O art. 37, *caput*, da Constituição Federal de 1988 apresenta quais princípios básicos da Administração Pública?

3. De acordo com o conceito do princípio da legalidade, assinale a alternativa correta:
   a) A Administração Pública está presa aos mandamentos da lei integralmente, sob pena de invalidade do ato e responsabilidade de seu autor.
   b) O princípio da legalidade diz que o Poder Público tem liberdade de executar atos que não constam na lei.
   c) A Administração Pública não está presa aos mandamentos da lei integralmente, sob pena de invalidade do ato e responsabilidade de seu autor.
   d) Todas as alternativas estão corretas.

4. O princípio da eficiência não pode ser utilizado em separado dos demais princípios, principalmente de qual deles?

5. Após a promulgação da Carta Magna, o princípio da motivação consta no regime político e:
   a) não podemos afirmar que é requisito do direito público e da legalidade governamental.
   b) podemos afirmar que é requisito do direito privado e da legalidade governamental.
   c) podemos afirmar que é requisito da legalidade governamental.
   d) podemos afirmar que é requisito do direito público e da legalidade governamental.

Questões para reflexão

Ao propor estas questões, pretendemos estimular sua reflexão crítica sobre temas que ampliam a discussão dos conteúdos tratados no capítulo, contemplando ideias e experiências que podem ser compartilhadas com seus pares.

1. É visível na história que o Estado aos poucos vai tomando forma de intervencionista, ampliando suas ações em direção ao oferecimento de serviços de interesse público, possibilitando ao direito administrativo um caráter que visa à realização de ações com cunho de interesses coletivos. Nessa nova fase, o serviço público assume o ápice da função do direito administrativo e, assim, ele perpassa o direito individual e começa a agir para garantir o interesse coletivo. Isso quer dizer que o direito administrativo é a área do direito público que se aprofunda nos estudos sobre os princípios, preceitos e institutos que cuidam das atividades jurídicas do Estado. Você concorda com esse enunciado? Para você, é importante o serviço social conhecer profundamente o papel do direito administrativo e de seus princípios para garantir a efetivação da política de seguridade social?

2. As modificações pelas quais o direito administrativo passou no Brasil desde a época do Período Imperial reforçam a importância das influências do direito francês, do sistema da *common law*, do direito americano e de outros países. Mas as relevantes inovações sofridas pelo direito administrativo brasileiro aconteceram com a adoção no Brasil da Constituição Cidadã em 1988. A experiência adquirida pelas mudanças no contexto social que foram recepcionadas pelo direito administrativo demonstra uma ascensão significativa, que possibilitou algumas das principais tendências com a adoção do Estado Democrático de Direito. Quais foram as consideráveis transformações do princípio da legalidade para o fortalecimento da democracia participativa?

Para saber mais

AFONSO, J. R. R.; RAIMUNDO, J. C. M. Financiamento descentralizado das políticas sociais no Brasil. In: SALGADO, S. R. C. (Org.). **O município no século XXI**: cenários e perspectivas. São Paulo: Cepam, 2001.

A leitura dessa obra permitirá a você aprofundar os estudos quanto ao financiamento das políticas sociais brasileiras à luz do ordenamento jurídico pátrio.

MEIRELLES, H. L. **Direito administrativo brasileiro**. São Paulo: Melhoramentos, 2007.

Obra importante para estudo, propiciando o entendimento do direito administrativo, que é um ramo do direito público, tendo como papel disciplinar a função administrativa estatal.

Para saber mais

Sugerimos a leitura de diferentes conteúdos digitais e impressos para que você aprofunde sua aprendizagem e siga buscando conhecimento.

CAPÍTULO 1

Direito administrativo e sua importância para a consolidação da política de seguridade social no Brasil

Conteúdos do capítulo:

- Direito administrativo e sua importância para a consolidação da política de seguridade social no Brasil.
- Princípios de direito administrativo: legalidade, publicidade, eficiência e motivação.

Após o estudo deste capítulo, você será capaz de:

1. contextualizar a importância do direito administrativo e seus princípios para a consolidação da política de seguridade social;
2. discorrer sobre alguns princípios da Administração Pública e a exigibilidade legal de garantir direitos fundamentais.

> "Se podes olhar, vê. Se podes ver, repara."
>
> José Saramago

Para subsidiar o tema, é importante que façamos referência ao contexto histórico, observando que existem correntes que afirmam que o direito administrativo existia antes do surgimento do Estado Nacional, porque, anterior a este, já se prestava serviço público em algumas esferas. Existe outra corrente doutrinária que contesta e afirma que o direito administrativo surge na Revolução Francesa.

Dessa forma, o direito administrativo, na era das monarquias absolutistas, não tinha condições de se firmar, pois a lei era imposta pelo soberano e nenhuma lei poderia ser criada ou executada sem que fosse de sua vontade.

Entretanto, fica evidente, com o início do Estado de Direito, que o direito administrativo mostra-se proeminente, tornando-se imprescindível para a Administração Pública.

> Mas a formatação do Direito Administrativo, como ramo autônomo, teve início juntamente com o direito constitucional e outros ramos do direito público, a partir do momento em que começou a desenvolver-se – já na fase do Estado Moderno – o conceito de Estado de Direito, estruturado sobre o princípio da legalidade (em decorrência do qual até mesmo os governantes se submetem à lei, em especial à lei fundamental que é a Constituição) e sobre o princípio da separação dos poderes, que tem por objetivo assegurar a proteção dos direitos individuais, não apenas nas relações entre particulares, mas também entre estes e o Estado. (Di Pietro, 2007, p. 2)

Nesse sentido, a autora destaca que, com o princípio da legalidade e o da separação dos poderes no Estado de Direito, foi possível garantir a proteção dos direitos individuais, conforme preconiza a Constituição Federal de 1988.

Com a constitucionalização, o direito administrativo ficou sujeito à aplicação dos preceitos constitucionais e à aprovação das leis, que são oriundas do Poder Legislativo.

Para Diógenes Gasparini (2007, p. 5), *direito administrativo* é

> uma sistematização de normas doutrinárias de Direito (conjunto harmônico de princípios jurídicos), não de ação social. Daí seu caráter científico. Suas normas destinam-se a ordenar a estrutura e o pessoal (órgãos e agentes) e os atos e atividades da Administração Pública, praticados ou desempenhados enquanto poder público. Excluem-se, portanto, os atos materiais e os regidos pelo Direito Privado.

O direito administrativo não tem a função de reformar ou reordenar leis, pois isso não é de sua competência, muito menos de averiguar ou apontar quais são as atividades-fim do Estado.

Ao analisar tais definições, ressaltamos a importância da Constituição Federal para o país como apoio para o estudo desta obra, tendo em vista que ela trata do mais alto grau dos direitos dos cidadãos.

Assim, o direito administrativo parte da premissa de que a Administração Pública, o governo e a função pública são objetos de estudo e não podem ser dissociados, pois um depende do outro.

Na concepção de Meirelles (2002), a Administração Pública tem como principal função servir aos interesses públicos. O autor enfatiza que a Administração coloca em prática os atos de execução, respeitando sua competência de acordo com o órgão de seu agente. "A administração não pratica atos de governo; pratica, tão somente, atos de execução, com maior ou menor autonomia funcional, segundo a competência do órgão e de seus agentes" (Meirelles, 2002, p. 63).

O direito administrativo tem a responsabilidade de exercer sua função e, por isso, impõe as regras jurídicas que organizam o Estado e o colocam em funcionamento. "O Direito Administrativo abebera-se, para sua formação, em quatro fontes principais, a saber: a lei, a doutrina, a jurisprudência e os costumes" (Meirelles, 2002, p. 44).

Considerando a lógica apontada pelo autor ao se referir às fontes, o objetivo é frisar que a prática administrativa está preenchendo as lacunas e, por isso, o direito administrativo deve aprofundar as fontes no desempenho de seu papel.

É importante destacar que a lei é a fonte primária do direito administrativo, a doutrina é o elemento que possibilita a distinção dos princípios que poderão ser aplicados, a jurisprudência exerce uma ascendência na construção do direito, e o costume, ainda que tenha perdido sua força, não pode ser plenamente desconsiderado.

Os princípios do direito administrativo têm visão finalística e há normativas que apontam as possibilidades legais para sua aplicação.

Deflagrar tal concepção é torná-la favorável ao entendimento de que o direito administrativo não tem uma função linear, e sim vasta, que faculta o trajeto em outros ramos da ciência jurídica. Nessa percepção, colocar em prática esse direito é ter a ciência do conhecimento crítico, que não é um conhecimento acabado, mas inovador, porque leva à transformação, a uma busca do constante questionar.

A efetivação da aplicabilidade do direito público não deixa nenhuma dúvida sobre sua importância, que, de fato, aduz mérito para o desenvolvimento transparente da Administração Pública.

Portanto, exerce importante papel no ordenamento jurídico pátrio, haja vista que a política de seguridade social passou a ser reconhecida como direito social e deve ser efetivada pelas ações dos poderes públicos conjuntamente com a sociedade, por meio de mecanismos que possam ser implementados à aplicabilidade legal.

São de conhecimento geral as constantes lutas para a consagração dos direitos sociais no Brasil, pois a história traz enorme hiato e fragmento de desorganização política, o que causa desigualdades sociais em virtude da falta de regulamentação jurídica de tais políticas no passado.

A carga histórica da seguridade social está repleta de ações direcionadas ao clientelismo e ao assistencialismo, sendo necessária uma aproximação maior com relação à aplicação dos princípios do direito administrativo, em especial do princípio da eficiência, o qual tem a função de impor ao Estado o cumprimento de suas atribuições em prol da coletividade, não podendo de forma alguma ser utilizado isoladamente, mas fazendo jus a seu *status* constitucional. Ainda é um grande desafio o reordenamento das políticas públicas que possam atender às expectativas e às necessidades dos cidadãos que clamam pelo exercício pleno da cidadania e pela efetivação dos direitos conclamados na Carta Magna.

1.1 Princípios do direito administrativo

Com a análise dos princípios do direito administrativo na ordem jurídica brasileira que se referem à implementação da política de seguridade social, nosso objetivo é compreender a viabilidade efetiva de tais políticas para que possamos fazer um estudo mais reflexivo e analítico, levando em consideração todo o processo histórico da realidade brasileira.

Pretendemos analisar tais princípios em conjunto com a Constituição Federal de 1988, traçando uma linha de tempo sobre a importância da política de seguridade social e os desafios de sua implementação, além de possíveis consequências sociais para a sociedade brasileira.

Diante desse contexto, questionamos: Como é possível escrever sobre algo amplo e responder às questões pertinentes a esta pesquisa tendo em vista que se trata de definições subjetivas e com diversas interpretações?

Refletindo sobre tal questão, é necessário entender o que são *princípios* e, para isso, buscamos as palavras de Humberto Ávila (2009, p. 183):

> Os princípios são normas imediatamente finalísticas, primeiramente prospectivas e com pretensão de complementaridade e de parcialidade, para cuja aplicação demandam uma avaliação de correlação entre o estado de coisas a ser promovido e os efeitos decorrentes da conduta havida como necessária à sua promoção.

Fica evidente que os princípios têm **função finalística** e também **consequências normativas**, pois sua interpretação pode apontar as possibilidades legais para a aplicação jurídica.

Além disso, a utilização dos princípios possibilita a resolução de questões jurídicas com cunho mais democrático, pois propicia a análise do direito positivo de forma mais ampla e mesmo estagnada.

Visto o conceito de princípio, é possível, agora, compreender melhor os princípios que norteiam o direito administrativo.

> Os princípios básicos da administração pública estão consubstanciados em doze regras de observância permanente e obrigatória para o bom administrador: legalidade, moralidade, impessoalidade ou finalidade, publicidade, eficiência, razoabilidade, proporcionalidade, ampla defesa, contraditório, segurança jurídica, motivação e supremacia do interesse público. Os cinco primeiros estão expressamente previstos no art. 37, caput, da CF de 1988; e os demais, embora mencionados, decorrem do nosso regime político, tanto que, ao lado daqueles, foram textualmente enumerados pelos art. 2º da lei Federal 9.784, de 29.1.99. (Meirelles, 2002, p. 86)

Nesse contexto, é imprescindível seguir à risca referidos princípios. Para isso, Meirelles (2002) faz um parêntese quanto ao princípio da finalidade, reforçando que a Constituição Federal de 1988 se refere a ele com o termo "impessoalidade".

Porém, o escopo desta obra não é aprofundar todos os princípios indispensáveis para uma exemplar Administração Pública, mas discorrer sobre três princípios constitucionais da Administração, previstos no art. 37 da Constituição Federal de 1988, notadamente o da legalidade, o da publicidade e o da eficiência, além do princípio da motivação, que tem previsão em lei.

Ademais, esses princípios são de grande valia para a finalidade desta pesquisa, não desmerecendo os demais, já que não podem ser dissociados para uma efetiva contribuição ao interesse público.

Tais enunciações permitem uma vasta interpretação, que é importante para alcançar com mestria as realizações das atividades de caráter público com eficácia e eficiência. Aqui, então, vamos considerar os princípios mais abrangentes do direito administrativo: legalidade, publicidade, eficiência e motivação.

Nessa direção, cabe destacar que, dos cinco princípios calcados no art. 37 da Constituição, foram elencados três para nossa pesquisa, que são o da legalidade, o da publicidade e o da eficiência, tornando possível o entendimento de tal proposta, pois se trata de princípios explícitos à luz da Carta Magna, reforçando a responsabilidade do direito administrativo na esfera pública em prol da coletividade e do cumprimento da Constituição.

1.1.1 Legalidade

Para aprofundar o objeto de estudo sobre a implementação da política de seguridade social no Brasil, vamos discorrer, primeiramente, sobre o princípio da legalidade.

> O princípio da legalidade significa estar a Administração Pública, em toda a sua atividade, presa aos mandamentos da lei, deles não podendo afastar, sob pena de invalidade do ato e responsabilidade de seu autor. Qualquer ação estatal sem o correspondente calço legal, ou que exceda ao âmbito demarcado pela lei, é injurídica e expõe-se à anulação. (Gasparini, 2007, p. 8)

Aqui, fica evidente a força que tem o princípio da legalidade, afastando qualquer ato arbitrário que cause danos ao Estado e, principalmente, à sociedade. O constituinte proibiu o administrador de agir na perspectiva de causar dano à sociedade, indicando na Constituição possíveis consequências legais caso ocorra violação do referido princípio.

Assim, esse princípio tem um papel fundamental para o funcionamento de forma equilibrada do Estado, pois a atuação administrativa está impedida de agir de forma unilateral, buscando apenas satisfazer ações de sua vontade.

> A legalidade, como princípio de administração (CF, art. 37, *caput*), significa que o administrador público está, em toda a sua atividade funcional, sujeito aos mandamentos da lei e às exigências do bem

comum, e deles não se pode afastar ou desviar, sob pena de praticar ato inválido e expor-se a responsabilidade disciplinar, civil e criminal, conforme o caso. (Meirelles, 2007, p. 86)

Ao analisar tal definição, o autor expõe que não é cabível ao administrador público vincular suas ações em benefício pessoal, pois, na Administração Pública, ele só está autorizado às ações permitidas por lei, pois se trata de lei pública, e as determinações legais não podem ser descumpridas.
Para finalizar a interpretação, é importante destacar que:

> Este princípio, juntamente com o de controle da Administração pelo Poder Judiciário, nasceu com o Estado de Direito e constitui uma das principais garantias de respeito aos direitos individuais. Isto porque a lei, ao mesmo tempo em que os define, estabelece também os limites de atuação administrativa que tenha por objeto a restrição ao exercício de tais direitos em benefício da coletividade. (Di Pietro, 2007, p. 58)

Os autores entendem que a Administração Pública só poderá executar **o que a lei determina**, não sendo possível a aplicabilidade do princípio da autonomia da vontade, pois este rege os particulares.

1.1.2 Publicidade

Para abordar o princípio da publicidade, o qual é imprescindível para aprofundarmos o tema proposto de estudo, devemos compreendê-lo à luz dos autores que tratam o tema de forma reflexiva. O princípio exige que a Administração Pública divulgue seus atos vastamente e, para fazer jus a tal determinação, o princípio da publicidade foi introduzido no art. 37 da Constituição.
"O que é importante assinalar é que o dispositivo assegura o direito à informação não só para assuntos de interesse particular, mas também de interesse coletivo ou geral, com o que se amplia a possibilidade de controle popular da Administração Pública." (Di Pietro, 2007, p. 66).

Essa segurança jurídica permite à população estar ciente dos atos públicos e acompanhar as intervenções de seus governantes, que, se descumprirem a lei, poderão sofrer as sanções legais previstas no ordenamento jurídico.

Portanto, a transparência das intervenções estatais deve oferecer à coletividade o conhecimento de suas ações por meio de publicações, permitindo a **clareza** na disposição de agir e facilitando o **controle** assegurado na Constituição.

> Publicidade é a divulgação oficial do ato para conhecimento público e início de seus efeitos externos. Daí por que [sic] as leis, atos e contratos administrativos que produzem consequências jurídicas fora dos órgãos que os emitem exigem publicidade para adquirirem validade universal, isto é, perante as partes e terceiros. A publicidade não é elemento formativo do ato; é requisito de eficácia e moralidade. Por isso mesmo, os atos irregulares não se convalidam com a publicação, nem os regulares a dispensam para sua exequibilidade, quando a lei ou regulamento a exige. (Meirelles, 2007, p. 92)

Esse princípio proporciona condições para assegurar a aplicabilidade da lei por meio da publicidade, garantindo o exercício democrático das ações públicas que visam aos interesses coletivos e respeitam as leis vigentes do país.

Ademais, o ordenamento jurídico brasileiro assegura o que é produzido por lei, permitindo a transparência das ações públicas realizadas por seus administradores e propiciando ao povo o direito de fiscalizá-las para garantir a supremacia nacional.

"A Constituição de 1988 alinha-se a essa tendência de publicidade ampla a reger as atividades da Administração invertendo a regra do segredo e do oculto que predominava. O princípio da publicidade vigora para todos os setores e todos âmbitos da atividade administrativa." (Medauar, 2007, p. 126).

É importante destacar que o princípio da publicidade permeia não apenas a divulgação oficial de suas ações, mas também garante a atuação do Estado pelas exigências que constam na lei.

> Esse princípio torna obrigatória a divulgação de atos, contratos e outros instrumentos celebrados pela Administração Pública direta e indireta, para conhecimento, controle e início de seus efeitos. Todos os atos, contratos e instrumentos jurídicos devem ser publicados porque, diz Hely Lopes Meirelles (*Direito administrativo*, cit., p.87), pública é a administração que os pratica. (Gasparini, 2007, p. 10)

Como podemos perceber, esse princípio exige procedimentos éticos que venham ao encontro do bem comum, com a exigibilidade legal capaz de garantir a efetiva democracia, não podendo ser desvirtuado para o cumprimento de ações personalizadas e comprometendo-se com sua atual finalidade, que é transparência na forma de agir do Estado em prol do interesse coletivo.

1.1.3 Eficiência

Na esfera jurídica, falar sobre o princípio da eficiência traduz a reflexão acerca de agilidade, rapidez e efetividade, não sendo possível dissociar a implementação da seguridade social no Brasil, pois

> o *princípio da eficiência* impõe à Administração Pública direta e indireta a obrigação de realizar suas atribuições com *rapidez, perfeição* e *rendimento*, além, por certo, de observar outras regras, a exemplo do princípio da legalidade. Pela EC n. 19/98, que acrescentou ao rol dos consignados no art. 37, esse princípio ganhou *status* constitucional. O desempenho deve ser *rápido* e oferecido de forma a satisfazer os interesses dos administrados em particular e da coletividade em geral. Nada justifica qualquer procrastinação. (Gasparini, 2007, p. 20-21, grifo do original)

Visando sempre ao cumprimento das obrigações do Estado em benefício da coletividade, esse princípio não se difere dos demais, não podendo ser aplicado separadamente dos outros que regulam a Administração Pública, principalmente o princípio da legalidade.

O princípio da eficiência vai além da própria denominação. Ele também pode ser entendido como princípio da eficácia, porque existe o entendimento teleológico de que ambos podem ser sinônimos.

Para que não ocorra nenhum equívoco sobre sua real finalidade, destacamos o seguinte esclarecimento:

> A eficiência administrativa não é sinônimo de eficiência econômica. Numa empresa privada, a autonomia autoriza organizar os fatores de produção segundo as finalidades buscadas egoisticamente pelo empresário – o que autoriza, inclusive, a privilegiar a busca pelo lucro. Ao contrário, a atividade estatal deverá traduzir valores de diversa ordem, não apenas aqueles de cunho econômico [...] Parte da doutrina tem preferido, por isso, a expressão princípio da eficácia administrativa, para reduzir o risco de transposição indevida dos conceitos econômicos para a dimensão estatal [...] A eficácia administrativa significa que os fins buscados pela Administração devem ser realizados segundo o menor custo econômico possível, o que não é sinônimo da obtenção do maior lucro. (Justen Filho, 2006, p. 86-87)

O autor defende que o princípio da eficiência deve ter um entendimento mais amplo, o qual possa propiciar sua real utilidade para os fins estatais. Ele não deve ser compreendido de forma linear e estanque, sob pena de ser a ele atribuído um sentido equivocado e, assim, não alcançar sua proposta, que é promover ações que contribuam para a atividade da Administração Pública, a qual é plural. Por isso, todos os princípios norteadores do direito administrativo devem estar sempre correlacionados.

> O princípio da eficiência exige que a atividade administrativa seja exercida com presteza, perfeição e rendimento funcional. É o mais moderno princípio da função administrativa, e já não se contenta em ser desempenhada apenas com a legalidade, exigindo resultados positivos para o serviço público e satisfatório atendimento das necessidades da comunidade e de seus membros. (Meirelles, 2002, p. 94)

Diante dessa definição, o princípio da eficiência impõe que o exercício da Administração Pública possa traduzir de forma significativa a **qualidade** no mais alto nível de ações que garantam os preceitos legais, contribuindo para o cumprimento das necessidades da sociedade.

Assim, não à toa, a Constituição destaca a importância dos princípios que direcionam a função pública de forma a atender aos interesses coletivos, e também não foi de modo incipiente que a política de seguridade social tornou-se política pública. Sua consolidação com base nesses princípios e nos demais que integram a Carta Magna demonstra que o legislador não foi imprudente, uma vez que o Estado tem como função obrigatória assegurar a garantia dos direitos de interesses públicos.

1.1.4 Motivação

Por último e não menos importante, vamos tratar do princípio da motivação, frisando que o atual entendimento de direito administrativo exige que o administrador motive todos os seus atos e decisões, exceto nas hipóteses para as quais a lei autorizou a prática de não motivar os atos, o que não é o caso da política de seguridade social.

Na conceituada obra do autor Hely Lopes Meirelles (2007, p. 99), encontramos a seguinte definição:

> Motivação – O princípio da motivação dos atos administrativos, após a Constituição Federal de 1988, está inserido no nosso regime político. É, assim, uma exigência do Direito Público e da legalidade governamental [...] Nos Estados modernos já não existe a autoridade pessoal do governante, senão a autoridade impessoal da lei.

Para melhor aprofundamento deste estudo, o princípio da motivação trará a reflexão sobre o norteamento da importância da política de seguridade social no Brasil, não podendo ser trabalhado de forma isolada para não ocorrer equívoco ou distorção sobre a aplicabilidade da lei e, até mesmo, sobre a proteção dos direitos sociais.

Entendemos que uma política transparente exige que o governante atue de forma impessoal, cumprindo os princípios do direito administrativo e os demais que constam na Carta Magna, pois estes são os alicerces para o cumprimento da legalidade e a implementação das políticas públicas.

Dessa maneira,

> Motivar é enunciar expressamente, portanto explícita ou implicitamente, as razões de fato e de direito que autorizam ou determinam a prática de um ato jurídico. [...] o *princípio da motivação* é instrumental e corolário do *princípio do devido processo da lei* (art. 5.º, LIV, CF), tendo necessária aplicação às decisões administrativas e às decisões judiciárias, embora se encontre, também, implícito no devido processo de elaboração das normas legais no sentido amplo (cf. arts. 59 a 69 da Constituição Federal e Regimentos das casas legislativas). [...] o *princípio da motivação* abrange as decisões administrativas tomadas por quaisquer dos demais Poderes, corolário inafastável do *princípio devido processo da lei*. (Moreira Neto, 2002, p. 89-90, grifo do original)

Baseado nessa concepção, fica consolidado que o princípio da motivação aduz à legislação e aos fatos em que o Estado pretende atuar, para que forme sua opinião, respeitando os ditames legais.

> O princípio da motivação exige que a Administração Pública indique os fundamentos de fato e de direito de suas decisões. Ele está consagrado pela doutrina e pela jurisprudência, não havendo mais espaço para as velhas doutrinas que discutiam se a sua obrigatoriedade alcançava só os atos vinculados ou só os atos discricionários, ou se estava presente em ambas as categorias. A sua obrigatoriedade se justifica em qualquer tipo de ato, porque se trata de formalidade necessária para permitir o controle de legalidade dos atos administrativos. (Di Pietro, 2007, p. 73)

De acordo com a autora citada, o princípio da motivação insiste que a Administração Pública aponte o conjunto de princípios a partir dos quais se podem deduzir suas resoluções.

Por isso, sua consagração pela doutrina lhe dá veracidade em sua relação com a função administrativa, sendo atinente à discrição para o cumprimento de seu papel, que é a motivação do exercício da faculdade de agir para a obtenção do resultado almejado, contribuindo democraticamente para a consolidação da política de seguridade social.

Síntese

É importante para o serviço social repensar a política de seguridade social por meio de um estudo crítico e reflexivo, utilizando como base o direito administrativo e seus princípios para consolidar os direitos sociais.

A partir da promulgação da Constituição Federal de 1988, ocorre a consolidação dos direitos sociais no território nacional, estabelecendo caráter emancipador e a possibilidade do acesso aos direitos constitucionalmente regulamentados.

Na prática, a Carta Magna confrontou-se com a desigualdade social e teve como desafio a incorporação de um novo ordenamento jurídico democrático que permitisse a participação da sociedade civil organizada e a aplicação de um processo que possibilitasse a utilização de um viés ético-político para atender às expectativas vigentes.

Cabe ressaltar que a doutrina aborda a incoerência quando se fala da supremacia do interesse público, pois o Estado Democrático de Direito não defende apenas a maioria, mas todas as pessoas que tenham seus direitos violados.

Assim, é importante entender que interesse público deve ser tratado no plural. Nesse contexto, os princípios estudados neste capítulo propiciaram a ideia de que um cidadão não pode ser superior ao outro. Todos desenvolvem um papel fundamental, mas, quando somados, conseguem um fortalecimento que contribui para que a Administração Pública possa exercer seu papel de maneira ética, transparente e sempre visando ao bem comum.

Portanto, aludir à aplicabilidade dos princípios do direito administrativo na garantia e no fortalecimento da política de seguridade social assegura a equidade e garante a supremacia legal.

Os princípios explícitos e implícitos encontram-se na Constituição Federal de 1988 e demonstram potencial emancipatório e, se bem aplicados pelo Estado, garantem a seguridade social.

O direito administrativo obteve caráter emancipador após a promulgação da Constituição de 1988, demonstrando uma ascensão democrática considerável, que definiu o papel legítimo oriundo da transformação do Estado Democrático de Direito, visando à efetividade dos direitos e à democratização das ações do agente público.

Esperamos que os princípios aqui tratados viabilizem um entendimento mais abrangente do funcionamento do Estado, o qual tem o dever de cumprir os princípios jurídicos para efetivar a política de seguridade social e as demais políticas públicas.

Questões para revisão

1. A Administração Pública tem como função principal:
    a) servir aos interesses públicos.
    b) servir aos interesses privados.
    c) servir aos interesses públicos e privados.
    d) Todas as alternativas estão incorretas.

2. O art. 37, *caput*, da Constituição Federal de 1988 apresenta quais princípios básicos da Administração Pública?

3. De acordo com o conceito do princípio da legalidade, assinale a alternativa correta:
    a) A Administração Pública está presa aos mandamentos da lei integralmente, sob pena de invalidade do ato e responsabilidade de seu autor.
    b) O princípio da legalidade diz que o Poder Público tem liberdade de executar atos que não constam na lei.
    c) A Administração Pública não está presa aos mandamentos da lei integralmente, sob pena de invalidade do ato e responsabilidade de seu autor.
    d) Todas as alternativas estão corretas.

4. O princípio da eficiência não pode ser utilizado em separado dos demais princípios, principalmente de qual deles?

5. Após a promulgação da Carta Magna, o princípio da motivação consta no regime político e:
    a) não podemos afirmar que é requisito do direito público e da legalidade governamental.

b) podemos afirmar que é requisito do direito privado e da legalidade governamental.
c) podemos afirmar que é requisito da legalidade governamental.
d) podemos afirmar que é requisito do direito público e da legalidade governamental.

Questões para reflexão

1. É visível na história que o Estado aos poucos vai tomando forma de intervencionista, ampliando suas ações em direção ao oferecimento de serviços de interesse público, possibilitando ao direito administrativo um caráter que visa à realização de ações com cunho de interesses coletivos. Nessa nova fase, o serviço público assume o ápice da função do direito administrativo e, assim, ele perpassa o direito individual e começa a agir para garantir o interesse coletivo. Isso quer dizer que o direito administrativo é a área do direito público que se aprofunda nos estudos sobre os princípios, preceitos e institutos que cuidam das atividades jurídicas do Estado. Você concorda com esse enunciado? Para você, é importante o serviço social conhecer profundamente o papel do direito administrativo e de seus princípios para garantir a efetivação da política de seguridade social?

2. As modificações pelas quais o direito administrativo passou no Brasil desde a época do Período Imperial reforçam a importância das influências do direito francês, do sistema da *common law*, do direito americano e de outros países. Mas as relevantes inovações sofridas pelo direito administrativo brasileiro aconteceram com a adoção no Brasil da Constituição Cidadã em 1988. A experiência adquirida pelas mudanças no contexto social que foram recepcionadas pelo direito administrativo demonstra uma ascensão significativa, que possibilitou algumas das principais tendências com a adoção do Estado Democrático de Direito. Quais foram as consideráveis transformações do princípio da legalidade para o fortalecimento da democracia participativa?

Para saber mais

AFONSO, J. R. R.; RAIMUNDO, J. C. M. Financiamento descentralizado das políticas sociais no Brasil. In: SALGADO, S. R. C. (Org.). **O município no século XXI**: cenários e perspectivas. São Paulo: Cepam, 2001.

A leitura dessa obra permitirá a você aprofundar os estudos quanto ao financiamento das políticas sociais brasileiras à luz do ordenamento jurídico pátrio.

MEIRELLES, H. L. **Direito administrativo brasileiro**. São Paulo: Melhoramentos, 2007.

Obra importante para estudo, propiciando o entendimento do direito administrativo, que é um ramo do direito público, tendo como papel disciplinar a função administrativa estatal.

CAPÍTULO 2

Política de seguridade social

Conteúdos do capítulo:

- Funcionamento da política de seguridade social no âmbito constitucional.
- Política de saúde.
- Política de previdência social.
- Política de assistência social.
- Desafios do serviço social para atuar de forma propositiva na seguridade social da complexa sociedade capitalista.

Após o estudo deste capítulo, você será capaz de:

1. analisar criticamente a política de seguridade social após a promulgação da Constituição Federal de 1988;
2. contextualizar a política de seguridade social em relação à saúde, à previdência social e à assistência social;
3. discorrer sobre os desafios do serviço social para atuar de forma propositiva na política de seguridade social em uma contraditória sociedade capitalista.

Neste capítulo, abordaremos a política de seguridade social com o objetivo de compreender seu papel no fortalecimento do sistema de proteção social.

Os direitos fundamentais e os direitos sociais (saúde, assistência social, trabalho, educação, previdência, seguridade e outros) tiveram origem na Europa, de modo a incluir e proteger os cidadãos que estavam à margem da sociedade, vivendo em situações desumanas.

No Brasil, a primeira aproximação com a seguridade social consta na Constituição de 1824, que trata de questões relativas aos socorros públicos.

Nos registros históricos, temos conhecimento de que, em 1935, a instituição Mongeral (Montepio Geral dos Servidores do Estado) assumiu esse serviço e, aproximadamente no ano de 1553, outras instituições privadas, como as Santas Casas de Misericórdias, também começaram a prestar os socorros públicos determinados por lei.

A par disso, para apresentar um breve resumo histórico sobre a política de seguridade social, é essencial trazer informações sobre a forma de organização dessa política em alguns países que foram percussores para a efetivação desse direito.

Desse modo, cumpre ressaltar que a finalidade da contextualização nesta obra é levá-lo a compreender a importância da luta da classe trabalhadora para a garantia dos direitos sociais. Essa reflexão é possível ao nos remetermos ao ano de 1883 na Alemanha, notadamente, onde ocorreu intensa luta dos trabalhadores para a implementação de direitos.

O governo liberal conservador de Otto von Bismarck, em resposta às pressões dos trabalhadores, aprovou as primeiras iniciativas de benefícios previdenciários, tendo um viés nos seguros privados, denominados *seguro social*.

Além disso, o modelo adotado, o bismarckiano, teve como objetivo manter a renda dos trabalhadores quando eles estivessem desempregados. Seja como for, é possível afirmar que tal modelo ainda é muito utilizado para a análise e a aplicação de benefícios de seguridade social em diferentes países do mundo.

Com o passar do tempo, mais precisamente na Segunda Guerra Mundial (1942), na Inglaterra, instituídos o *Welfare State* e o Plano Beveridge, financiados pela arrecadação de impostos fiscais e gerenciado pelo Estado, destinado a todos os cidadãos ingleses, tendo caráter universal e o objetivo de minimizar a pobreza.

É importante destacar que as sociedades capitalistas no mundo se expandiram e os dois modelos ainda servem de direcionamento para a implantação da política de seguridade social em vários países.

Enfim, para a definição de qual modelo utilizar em determinada sociedade, considera-se a relação estabelecida entre o Estado e as classes sociais. "Hoje, é difícil encontrar um 'modelo puro'. As políticas existentes e que constituem os sistemas de seguridade social em diversos países apresentam as características dos dois modelos, com maior ou menor intensidade." (Boschetti, 2009, p. 4).

O modelo de proteção social no Brasil não teve caráter universal como direito. Pelo contrário, foi seletivo e gradativamente aconteceu a junção da aplicabilidade dos princípios bismarckianos para a previdência social e o modelo beveridgiano prevaleceu para o Sistema Único de Saúde (SUS) e para o Sistema Único de Assistência Social (Suas).

A título de exemplo, podemos afirmar que a política de seguridade social no Brasil foi um direito social conquistado à luz da promulgação da Constituição da República de 1988, tendo reconhecimento como um dos propósitos da intervenção estatal.

Nesse contexto, houve um avanço abarcado pelo texto constitucional, pois a previdência social, além de atender o trabalhador formal, ampliou a cobertura para os trabalhadores rurais, bem como flexibilizou o acesso aos benefícios previdenciários.

Além disso, vale ressaltar que a política de assistência social está instituída pelo Suas e não é contributiva, podendo ser acessada por qualquer cidadão que dela necessitar.

O atendimento da política de saúde também não é contributivo, sendo realizado pelo SUS, considerado um dos maiores sistemas de atendimento de saúde pública mundial, regido pelos princípios da **universalização**, que é um direito de todos e deve ser assegurado pelo Estado; da **equidade**, que presa pela minimização da desigualdade; e da **integralidade**, o qual considera as pessoas como um todo e busca atender à maioria de suas necessidades, integrando as ações realizadas de forma a resguardar os direitos sociais.

É importante mencionar que, atualmente, para muitos estudiosos da área, à proteção social vigente no Brasil aplicam-se os princípios bismarckiano e beveridgiano, pois ela ainda serve ao capital e provoca desigualdade, ferindo os princípios igualitários da seguridade social e reproduzindo formas incompletas que geram a desproteção social e o aumento de pessoas à margem da sociedade, mormente vivendo em situações desumanas e corrompendo o real significado da universalidade da cidadania.

> Nesse modo de ver e agir, o Estado não assume plenamente as atenções sociais, somente passa meios, em geral insuficientes, para as organizações sociais operarem como se fosse da iniciativa da sociedade e não do Estado tal atenção. Digamos que nesses casos não há o trânsito do serviço pela esfera pública; assim, ele não se constitui direito aos olhos do Estado. Ele tanto pode existir como não existir, pode atender um, e não atender a outro, ou outra. Não há responsabilidades ou obrigações claras com todos. Os agentes institucionais, de certo modo, se acostumaram a não enxergar a totalidade das atenções prestadas, uma vez que predomina o trabalho caso a caso, grupo a grupo, entidade a entidade, sem compromisso de direito com todos os cidadãos em igual situação. (Sposati, 2013, p. 661)

Nesse contexto, para a autora, existe no Brasil uma descontinuidade para acessar a política de seguridade social, a qual ainda não consegue cumprir uma equidade para a população brasileira, pois não contempla na íntegra sua vocação universal.

Ao realizarmos uma análise mais crítica da política de seguridade social brasileira, percebemos algumas lacunas que ainda precisam serem preenchidas visando atender às reais necessidades dos indivíduos marginalizados.

É fundamental minimizar a desigualdade social por meio das políticas sociais, fortalecendo a necessidade de implementá-las e desenvolvê-las para que os indivíduos que estão à margem da sociedade tenham acesso aos direitos sociais, sendo o Estado o responsável por sua aplicabilidade.

Portanto, não cabe mais carregar os discursos e as teorias que se remetem ao assistencialismo. Estamos em outro momento histórico, o qual está sendo consolidado à luz do direito, e não da compaixão. É sabido que a luta para que esses direitos continuem sendo garantidos é diária, mas, com essa luta, carregamos os preceitos constitucionais.

Para Sposati (2013), o Estado ainda se limita no desenvolvimento de seu papel social, não assumindo plenamente suas ações. O resultado disso é a insegurança dos cidadãos para acessá-los.

> O horizonte da proteção social brasileira exige a integração das três políticas de seguridade social. Esta perspectiva significa construir linhas de conexão entre os serviços das três políticas desde a base, com uma agenda que inclua a superação das questões que estão colocadas em cada uma dessas políticas. (Sposati, 2013, p. 672)

Compreendemos que o caminho será longo para, de fato, consolidar a política de seguridade social para os cidadãos brasileiros, haja vista a omissão estatal em priorizar essas políticas para superar as constantes expressões das questões sociais permeadas de pobreza, desigualdade e falta de acesso aos direitos básicos.

Sabendo que as críticas às práticas estatais são inúmeras, nossa intenção não é reiterar tais concepções, mas fazer com que você, leitor, tenha senso crítico para encontrar seu ponto de vista nesta leitura, refletindo acerca da contradição que é a sociedade capitalista e a dificuldade de encontrar estratégias que venham a fortalecer o Estado Democrático de Direito.

> A perspectiva de universalidade da proteção social mostra-se como confronto com as regras do capital, da acumulação, pois confere significado de igualdade em uma sociedade que, pelas regras do mercado, é fundada na desigualdade. Esse confronto se manifesta em formas múltiplas e permanece presente em contínua luta. (Sposati, 2013, p. 661)

A falta de eficácia do Estado em dispor de condições favoráveis para a garantia e a efetividade da política de seguridade social traz constantes questionamentos sobre a morosidade de atuação, que só acarreta o aumento das lacunas para a inclusão de outros direitos, uma vez que a sociedade encontra-se em constante transformação.

> **Fique atento!**
>
> Para abordar com profundidade as políticas sociais, fazemos alusão, mais uma vez, à importância da Constituição Federal de 1988, a qual permitiu o reconhecimento dos direitos em todos os âmbitos e sua proclamação oficial.
>
> O art. 1º da Carta Magna trata dos direitos fundamentais, evocando, no inciso III, a dignidade da pessoa humana, que resguarda juridicamente a necessidade de respeitar o ser humano em sua integridade, valorizando os direitos sociais.
>
> É lógico que, para tratarmos do princípio da dignidade humana, teríamos que nos aprofundar para compreendê-lo com propriedade. Cabe ressaltar que nosso objetivo é adentrar no tema central desta obra. Fizemos menção a esse princípio para provocar no leitor a curiosidade de pesquisar sobre o tema e, assim, relacioná-lo à política de seguridade social.

Na perspectiva de conceituar a política de seguridade social, podemos dizer que se trata de um sistema de proteção social que integra a saúde, a previdência social e a assistência social. Nessa política, existem a articulação e a integração, visando estabelecer a minimização da desigualdade social com o objetivo de que a sociedade seja mais justa e igualitária.

> A proteção social no Brasil está inserida na concepção de seguridade social, isto é, no conjunto de seguranças sociais que uma sociedade, de forma solidária, garante a seus membros. Portanto, a centralidade está no processo histórico de cada sociedade e nele o trânsito pelo qual determinadas condições sociais de dignidade e sobrevivência são asseguradas enquanto um direito social universal. (Sposati, 2013, p. 663)

A política de seguridade social é fruto das lutas dos movimentos sociais no período de redemocratização brasileiro, sendo de relevância para o povo as inovações.

Na Constituição Federal de 1988, o Título VIII trata da ordem social e traz, no Capítulo II, a seguridade social. Para melhor compreensão, leia o art. 194 da Carta Magna na íntegra:

> Art. 194. A seguridade social compreende um conjunto integrado de ações de iniciativa dos poderes públicos e da sociedade, destinadas a assegurar os direitos relativos à saúde, à previdência e à assistência social.
>
> Parágrafo único. Compete ao Poder Público, nos termos da lei, organizar a seguridade social, com base nos seguintes objetivos:
>
> I – universalidade da cobertura e do atendimento;
>
> II – uniformidade e equivalência dos benefícios e serviços às populações urbanas e rurais;
>
> III – seletividade e distributividade na prestação dos benefícios e serviços;
>
> IV – irredutibilidade do valor dos benefícios;
>
> V – equidade na forma de participação no custeio;
>
> VI – diversidade da base de financiamento;
>
> VII – caráter democrático e descentralizado da administração, mediante gestão quadripartite, com participação dos trabalhadores, dos empregadores, dos aposentados e do Governo nos órgãos colegiados. (Brasil, 1988)

No entanto, Castel (2005) faz uma reflexão acerca das sociedades modernas, afirmando que elas estão individualizadas, deixando inseguros os cidadãos, os quais não vivem na íntegra o sentimento de pertencimento.

Essa individualidade enfraquece a força de representatividade, que, muitas vezes, é exercida por meio de rede sociais, sem um cunho que provoque o real sentido de **luta social**, pois, ao mesmo tempo que consegue mobilizar milhões por determinada causa, torna-se "líquida" com o novo assunto e volta à sua superficialidade global.

Isso porque a sociedade contemporânea, com o desenvolvimento do capitalismo, fortalece o comportamento individual, cria um distanciamento do coletivo e, paulatinamente, o Estado deixa de exercer seu papel social e passa a atender às demandas liberais.

2.1 Funcionamento da política de seguridade social no âmbito constitucional

Conforme dissemos, os movimentos e as lideranças da sociedade civil contribuíram muito para a inclusão da nova proposta no ordenamento jurídico brasileiro de 1988. Contudo, afirmar que os movimentos sociais foram os protagonistas desse feito seria desmerecer todo a atuação ativa do movimento da reforma sanitária, o qual foi decisivo para a elaboração do SUS.

A comissão da ordem social garantiu o título de seguridade social, que, após ser aprovada constitucionalmente, formou o **tripé da seguridade social** dos trabalhadores brasileiros. Esse tripé é composto da saúde, que é um direito de todos; da previdência, que foi aprovada contendo caráter contributivo; e da assistência social, que é destinada a amparar a quem dela necessitar.

Houve temor por parte dos militantes do movimento da reforma sanitária, os quais não contavam com a inclusão da previdência e da assistência social para além da saúde.

O receio era de que houvesse a minimização de recursos orçamentários e a perda de autonomia para a política pública de saúde. Por isso, continuaram firmemente lutando para que a política pública de saúde tivesse reserva orçamentária da União.

Para que isso fosse possível, os militantes do movimento organizaram um segundo movimento, que tinha como objetivo o fortalecimento do Ministério da Saúde. O propósito era fornecer instrumentalidade técnica e bases administrativas para o SUS.

O movimento foi positivo, e as lideranças conseguiram incluir, no art. 195 da Constituição Federal, a separação orçamentária para as três políticas. Os objetivos da política de seguridade social visam à implementação de políticas públicas para atender ao que estabelece o tripé da seguridade social. Com esse formato, os princípios que norteiam a seguridade social estão explicitados no art. 194 da Carta Magna.

Pensar na relação da política pública nos remete a entender de forma minuciosa os incisos do art. 194, lembrando que ele traça as diretrizes que orientam o Estado na organização da política de seguridade social.

Essa compreensão é necessária para que possamos estabelecer um contraponto no estudo entre as três políticas sociais, analisando o inciso I, que diz: "universalidade da cobertura e do atendimento" (Brasil, 1988). Esse inciso refere-se à política pública da saúde, da previdência e da assistência social, pois trata do sistema da seguridade social em sua totalidade.

É importante frisar que universalidade de cobertura é a possibilidade de acontecer uma contingência, ou seja, uma situação eventual com qualquer pessoa que faça com que ela precise acessar a política pública de saúde ou, até mesmo, as outras duas políticas sociais.

O inciso II também é muito relevante e fala sobre a "uniformidade e equivalência dos benefícios e serviços às populações urbanas e rurais" (Brasil, 1988). No que diz respeito à saúde, ele se refere à universalidade de atendimento direto à população, pois a saúde não dispõe de repasse de benefício, como é o caso da previdência e da assistência social. Já no caso da previdência social, no passado, os trabalhadores rurais recebiam um valor de benefício menor do que os trabalhadores urbanos. Hoje, isso não pode acontecer, porque temos uma proteção legal. Cabe esclarecer que *benefício* significa o repasse direto ao beneficiário.

O inciso III refere-se à "seletividade e distributividade na prestação dos benefícios e serviços" (Brasil, 1988). A seletividade ali especificada é para a organização dos critérios de atendimentos e seleção das pessoas nas três políticas.

Já o inciso IV trata da "irredutibilidade do valor dos benefícios" (Brasil, 1988). Isso significa que é estabelecido o valor mínimo do benefício. Pode-se modificar a forma de reajuste, mas jamais diminuir seu valor mínimo.

O inciso VI aborda a "diversidade da base de financiamento" para as três políticas sociais (Brasil, 1988). Isso quer dizer que os recursos vêm de várias fontes e vão direto para os cofres públicos para, posteriormente, serem distribuídos para todos os municípios brasileiros.

Por último, o inciso VII é de extrema relevância e seu texto diz o seguinte: "caráter democrático e descentralizado da administração, mediante gestão quadripartite, com participação dos trabalhadores, dos empregadores, dos aposentados e do Governo nos órgãos colegiados" (Brasil, 1988). Isso significa que a sociedade brasileira deve participar ativamente das decisões para efetivar o sistema de garantia de direitos sociais por meio de órgãos representativos da sociedade civil organizada.

É importante registrar que, além dos sete princípios ora abordados, a doutrina adotou outros implicitamente. O mais importante é o princípio da **solidariedade**, que traz a sustentação de universalidade, de que já tratamos anteriormente.

> O fato da seguridade social ter emergido na nossa história recente como uma ideia mais de cunho técnico, com escassa sustentação política e institucional no Estado e nos partidos políticos, em que pese não constituir uma exceção na experiência internacional, pode ajudar a explicar muitas das décadas de existência. De fato, a conjuntura que se seguiu desvelou a dificuldade de fazer consolidar um campo de política social com contexto no qual os movimentos sociais se mostram largamente indiferentes a ela e muitos dos governos hostis. (Delgado; Jaccoud; Nogueira, 2014, p. 21)

2.2 Política da saúde

Para iniciar essa temática, vamos relembrar o modelo do economista inglês William Beveridge, que tinha como objetivo retirar as pessoas da situação de pobreza.

O modelo de Beveridge foi tão importante que foi incluído como um dos direitos fundamentais na Carta de Direitos Humanos de 1948. O art. 22 da Declaração Universal dos Direitos Humanos diz o seguinte:

> Todo ser humano, como membro da sociedade, tem direito à segurança social e à realização, pelo esforço nacional, pela cooperação internacional e de acordo com a organização e recursos de cada Estado, dos direitos econômicos, sociais e culturais indispensáveis à sua dignidade e ao livre desenvolvimento da sua personalidade. (Unesco, 1948)

Esse artigo legitima o direito de todas as pessoas à seguridade social, pois, por meio dela, é possível satisfazer a promoção dos direitos econômicos, sociais e culturais, prevalecendo os princípios da dignidade da pessoa humana e da solidariedade, indispensáveis à inclusão de todos os cidadãos, independentemente de sua classe social, na política de seguridade social. É dever do Estado prover esses direitos, organizando sua administração e seus recursos para que todas as pessoas possam acessá-los.

No caso do Brasil, as políticas públicas de saúde estão asseguradas na Constituição Federal, devendo ser ofertadas **gratuitamente** a toda a população, independentemente de idade ou condição social. Entende-se que estão assegurados o direito à vacinação, às prevenções de doenças, a consultas, ao acesso a medicamentos de alto custo e também de uso prolongado, às internações e aos demais procedimentos para tratamento de saúde hospitalares.

Consta no art. 196 da Carta Magna que é dever do Estado ofertar a saúde para todos os cidadãos de forma **universal** e **igualitária**, pois se trata de um direito social. Essa discussão rende bons debates, tendo em vista que a maioria dos cidadãos tem ciência desse direito e sabe que os serviços prestados pela saúde pública são de relevância pública, devendo ser ofertados pelo Poder Público de acordo com as especificações do ordenamento jurídico brasileiro, não somente atendendo às necessidades apresentadas pelos usuários do SUS, mas também atuando em ações preventivas. Esse serviço, no entanto, não satisfaz à demanda que busca a política pública de saúde, evidenciando descaso e falta de investimentos para recursos humanos, além de infraestrutura, tornando o acesso à saúde um verdadeiro suplício.

Mesmo com a Constituição Federal em vigor desde 1988, somente no ano de 1990 foi promulgada a Lei Orgânica de Saúde, demonstrando um descaso por parte do Estado com relação à seguridade social.

Os percursos utilizados para evitar a consolidação do acesso aos direitos sociais baseiam-se no fato de a legislação infraconstitucional ter utilizado a regulação separadamente para as diferentes políticas setoriais, trazendo empecilhos para sua regulação e, consequentemente, demonstrando um distanciamento do Estado com a realidade da sociedade brasileira, a qual estava desprotegida. Dadas as discussões sob a ótica do Estado, os direitos sociais, constituídos no tripé da seguridade social, não eram prioridade, conforme a história nos conta nesses 30 anos.

O Estado tem o dever de ofertar o acesso à saúde de forma universal e fazer valer os dispositivos legais, sendo relevante o teor do art. 198 da Constituição:

> Art. 198. As ações e serviços públicos de saúde integram uma rede regionalizada e hierarquizada e constituem um sistema único, organizado de acordo com as seguintes diretrizes:
>
> I – descentralização, com direção única em cada esfera de governo;
>
> II – atendimento integral, com prioridade para as atividades preventivas, sem prejuízo dos serviços assistenciais;
>
> III – participação da comunidade.
>
> IV – Parágrafo único. O sistema único de saúde será financiado, nos termos do art. 195, com recursos do orçamento da seguridade social,

da União, dos Estados, do Distrito Federal e dos municípios, além de outras fontes. (Brasil, 1988)

Em atenção ao pressuposto constitucional, fica nítida a determinação para a organização e a gestão da política de seguridade social de forma descentralizada que seja capaz de vislumbrar uma atenção prioritária do Estado, pois universalizou o atendimento a todos os cidadãos, independentemente de pagamento. O questionamento que permanece, porém, é: Quando a política pública de saúde poderá apropriar-se de seus objetivos e fazer jus aos princípios constitucionais para todos os cidadãos brasileiros?

2.3 Política de previdência social

Já sabemos que o modelo alemão bismarckiano foi adotado no Brasil para organizar a política de previdência social. Conforme consta no art. 201 da Constituição, para participar dessa política de seguridade social, o trabalhador deve filiar-se obrigatoriamente e fazer contribuição mensal, de acordo com seu rendimento. Com essa contribuição, é possível acessar benefícios para a cobertura de riscos de doenças, invalidez, morte, idade avançada, proteção à maternidade e à família.

> Nesta lógica, só tem acesso aos direitos da seguridade social os chamados "segurados" e seus dependentes, pois esses direitos são considerados como decorrentes do direito do trabalho. Assim, se destinam a quem está inserido em relações formais e estáveis de trabalho e possuem duas características centrais. Primeiro são condicionados a uma contribuição prévia, ou seja, só têm acesso aqueles que contribuem mensalmente. Segundo, o valor dos benefícios é proporcional à contribuição efetuada. Essa é a característica básica da previdência social no Brasil, que assegura aposentadorias, pensões, salário-família, auxílio doença e outros benefícios somente aos contribuintes e seus familiares. (Boschetti, 2009, p. 4)

A previdência social brasileira é uma política **contributiva** e **seletiva**, marcada pela contradição entre o capital e o trabalho, que deixa à margem muitos cidadãos que não estão com seus direitos trabalhistas resguardados, contribuindo para a ampliação da pobreza e da desigualdade social.

Ao analisar o contexto atual da sociedade, verificamos momentos contraditórios evidenciados pelas reformas, que causaram instabilidade no âmbito da previdência social, e a crescente demanda de pessoas que precisam acessar seus direitos e acabam fadados a longas esperas, tudo isso culminando na crescente vulnerabilidade social e econômica.

Toda essa pressão para a efetivação da contrarreforma enfraquece os direitos dos trabalhadores, pois, para ambos os sexos, a idade para se aposentar será de 65 anos e o tempo integral de contribuição será de 49 anos. Ora, é sabido que as mulheres serão as mais prejudicadas, pois, além de atuarem no mercado de trabalho, muitas vezes, com salários inferiores aos dos homens, geralmente desenvolvem trabalhos domésticos e cuidam de filhos.

Houve um aumento de mulheres no mercado de trabalho nos últimos anos, principalmente nos setores de prestação de serviços e educação. O que não aconteceu até o momento foi o avanço na equiparação salarial e melhores oportunidades de postos de trabalho. A maioria das mulheres exerce atividades com baixa remuneração e muitas delas atuam no mercado informal, não podendo acessar os direitos previdenciários caso necessitem.

Para exemplificar nosso argumento e incluir algumas informações acerca da pessoa com deficiência, apresentamos agora uma inovação ocorrida na política de assistência social com a promulgação da Constituição que perpassa pela previdência social.

Constam, no texto constitucional, inovações que permitiram atender pessoas de baixa renda mesmo não sendo contribuintes da previdência social:

- Foi incluído um piso mínimo previdenciário que não pode ser inferior a um salário mínimo nacional.
- Os trabalhadores rurais foram incluídos como segurados especiais.

- Os idosos e as pessoas com deficiência (independentemente da idade) componentes de famílias com renda *per capita* de até ¼ (um quarto) do salário mínimo foram contemplados para receber um salário mínimo por meio do Benefício de Prestação Continuada (BPC).

No que tange à política de seguridade social para não contribuintes da previdência social, com a Carta Magna de 1988, foi também incluído o BPC, que integra a proteção social básica da política de assistência social.

Para solicitar a concessão do benefício, a pessoa não pode receber auxílio previdenciário público ou privado. Esse benefício não é vitalício ou transferível e a renda *per capita* da família não deve ultrapassar ¼ (um quarto) do salário mínimo nacional.

A pessoa com deficiência que preenche esses requisitos pode ingressar com o pedido de concessão de benefício com qualquer idade. Se menor, deve haver um representante legal. As pessoas com deficiência que participarem de programa de aprendizagem conhecido como *Programa Aprendiz* poderão ter acúmulo do BPC com a remuneração por um período não superior a dois anos.

Mesmo com os avanços da política de seguridade social, fica visível sua fragilidade em uma sociedade em que impera a falta de estrutura de gestão e organização, que possa atender seus cidadãos respeitando o princípio da equidade.

2.4 Política de assistência social

O art. 203 do texto constitucional trata da política de assistência social, que tem por objetivo amparar **gratuitamente** os indivíduos das camadas sociais menos favorecidas, atendendo-os por meio de programas e ações de proteção à família, à maternidade, à infância, à adolescência e à velhice, bem como da promoção de integração ao trabalho, habilitação e reabilitação e integração na vida social de pessoas com deficiência.

> Art. 203. A assistência social será prestada a quem dela necessitar, independentemente de contribuição à seguridade social, e tem por objetivos:
>
> I – a proteção à família, à maternidade, à infância, à adolescência e à velhice;
>
> II – o amparo às crianças e adolescentes carentes;
>
> III – a promoção da integração ao mercado de trabalho;
>
> IV – a habilitação e reabilitação das pessoas portadoras de deficiência e a promoção de sua integração à vida comunitária;
>
> V – a garantia de um salário mínimo de benefício mensal à pessoa portadora de deficiência e ao idoso que comprovem não possuir meios de prover à própria manutenção ou de tê-la provida por sua família, conforme dispuser a lei. (Brasil, 1988)

A política pública de assistência social foi aprovada pelo Conselho Nacional de Assistência Social (CNAS) em 15 de outubro de 2004 e regulamentada pela Resolução n. 145, a qual foi publicada no Diário Oficial da União em 28 de outubro de 2004.

Com o fortalecimento da política de assistência social brasileira, na data de 6 de junho de 2011, foi sancionada a Lei n. 12.435, que instituiu o Sistema Único de Assistência Social – Suas (Brasil, 2011a), alterando a Lei n. 8.742, de 7 de dezembro de 1993 (Brasil, 1993).

Sob o enfoque dos princípios constitucionais, é possível destacarmos a consolidação de tal política social no tocante à sua implementação no Brasil, a qual faz parte do tripé da seguridade social.

A respeito do **financiamento** e do **gerenciamento** dessa política, o ordenamento jurídico define o seguinte:

> Art. 204. As ações governamentais na área da assistência social serão realizadas com recursos do orçamento da seguridade social, previstos no art. 195, além de outras fontes, e organizadas com base nas seguintes diretrizes:
>
> I – descentralização político-administrativa, cabendo a coordenação e as n,ormas gerais à esfera federal e a coordenação e a execução dos respectivos programas às esferas estadual e municipal, bem como a entidades beneficentes e de assistência social;

II – participação da população, por meio de organizações representativas, na formulação das políticas e no controle das ações em todos os níveis. (Brasil, 1988)

Assim, ao analisar os princípios explícitos da legalidade, da publicidade e da eficiência previstos no art. 37 da Carta Magna, averiguando sua relevância quanto à implementação da Política Nacional de Assistência Social, que instituiu o Suas no Brasil, Justen Filho indica que:

> A supremacia do interesse público significa sua superioridade sobre os interesses existentes na sociedade. Os interesses privados não podem prevalecer sobre o interesse público. A indisponibilidade indica a impossibilidade de sacrifício ou transigência quanto ao interesse público, e é uma decorrência de sua supremacia [...] Juridicamente, efetivo titular do interesse público é a comunidade, o povo. O direito não faculta ao agente público o poder para escolher entre cumprir e não cumprir o interesse público. O agente é servo do interesse público – nessa acepção, o interesse público é indisponível. (Justen Filho, 2006, p. 36)

Nessa concepção, o autor frisa a importância da **supremacia do interesse público**, enfatizando que o agente público está a serviço do povo, eliminando do novo contexto o poder absoluto do Estado, o qual era utilizado no passado. Na atualidade, com o regime democrático, ao fazermos referência ao interesse público, afirmamos que o Estado está a serviço da sociedade. Em um Estado Democrático de Direito, o Estado somente está legitimado a ser sujeito de interesse público (Justen Filho, 2006).

No decorrer de sua obra, Justen Filho (2006, p. 44) destaca o desafio de se obter um conceito acabado sobre interesse público e justifica que, ao usarmos o conceito de interesse público, precisamos ter cuidado em razão da "pluralidade e contraditoriedade entre os interesses dos diferentes integrantes da sociedade", afirmando que não existe apenas um interesse público, mas vários deles.

Precisamos ter ciência de que devemos tratar o interesse público no plural, justamente porque não podemos afirmar que o interesse público se reduz à maioria. Segundo o autor, as minorias também são protegidas e defendidas no Estado Democrático de

Direito, porque será possível remeter-se à superação de tendências meramente reguladoras (Justen Filho, 2006).

Portanto, comprovamos o reconhecimento de direitos sociais em uma concepção gerada por movimentos sociais que morosamente se fortaleceram, mas supriram seus objetivos com a promulgação da Constituição de 1988, sendo reforçada sua consolidação nos princípios norteadores constitucionais e do direito administrativo.

Nesse sentido, relevar a aplicação dos princípios do direito administrativo na implementação da Política Nacional da Assistência Social, a qual instituiu o Suas, significa ir além do que é versado na realidade, pois tal política supera o conservadorismo, suplantado em nossa sociedade antes da Constituição de 1988.

Ao proferir o princípio de legalidade no que tange à implementação da Política Nacional da Assistência Social, observamos que, somente com o advento da Constituição Federal, a assistência social foi inscrita como política pública, direito do cidadão e dever do Estado, regulamentada na Lei Orgânica de Assistência Social n. 8.742/1993, sendo uma conquista resultante dos movimentos sociais.

Com esse escopo, a Política Nacional de Assistência Social nasceu à luz do Estado de Direito, e o princípio da legalidade também surgiu com o novo modelo de Estado, pois regula as ações da Administração Pública.

> Com a Constituição de 1988, optou-se pelos princípios próprios do Estado Democrático de Direito. Duas ideias são inerentes a esse tipo de Estado: uma concepção mais ampla do princípio da legalidade e a ideia de participação do cidadão na gestão e no controle da Administração Pública. No que diz respeito ao primeiro aspecto, o Estado Democrático de Direito pretende vincular a lei aos ideais de justiça, ou seja, submeter o Estado não apenas à lei em sentido puramente forma, mas ao Direito, abrangendo todos os valores inseridos expressa ou implicitamente na Constituição. (Di Pietro, 2007, p. 27-28)

Portanto, a Política de Nacional de Assistência Social vem ao encontro de uma nova visão de Estado, o qual possibilita ao cidadão a

participação no processo de gestão, garantindo, assim, a efetividade do princípio da legalidade.
O art. 6º da Lei n. 12.435/2011 refere-se à forma de gestão adotada pelo Suas, que é descentralizada, demonstrando um caráter inovador quando se trata da proteção social básica (Brasil, 2011a). Esta tem como objetivo a prevenção de situações de risco social e, para isso, os serviços são desenvolvidos com o intuito de promover as potencialidades e as aquisições e do fortalecimento de vínculos familiares e comunitários e da proteção social especial, que oferece serviços às famílias e aos indivíduos que têm seus direitos violados.
O princípio da legalidade tem, então, um papel fundamental para a implementação do Suas, porque a legislação estabelece a descentralização política administrativa no intuito de incorporar na Constituição de 1988 a participação do cidadão na gestão pública.

> Além de atender à legalidade, o ato do administrador público deve conformar-se com a moralidade e a finalidade administrativas para dar plena legitimidade à sua atuação. Administração legítima só é aquela que se reveste de legalidade e probidade administrativas, no sentido de que tanto atende às exigências da lei como se conforma com os preceitos da instituição pública. Cumprir simplesmente a lei na frieza de seu texto não é o mesmo que atendê-la na sua letra e no seu espírito. (Meirelles, 2002, p. 87)

Consoante a isso, será necessário alargar ainda mais o princípio da legalidade para que ele continue sendo fulcro não apenas como foi na implementação da Política Nacional de Assistência Social no território nacional, mas servindo de ponto de partida para ampliar, promover e fortalecer a gestão descentralizada em busca da minimização das desigualdades sociais.
Com relação ao princípio da publicidade, segundo a doutrina do direito administrativo, é obrigatório que todos os atos e demais ações realizadas pela Administração Pública sejam divulgados publicamente.
"Esse princípio torna obrigatória a divulgação de atos, contratos e outros instrumentos celebrados pela Administração Pública

direta e indireta, para conhecimento, controle e início de seus efeitos." (Gasparini, 2007, p. 10).

Nesse contexto, é passível de compreensão que, ao tratar do princípio da publicidade, é digno de nota que a política de assistência social, conforme preconiza o art. 5º da Lei n. 8.742/1993 reforça a participação da população por meio de segmentos representativos (Brasil, 1993).

Em razão disso, entendemos que o princípio da publicidade está revestido de representação da sociedade civil organizada por meio dos conselhos municipais, estaduais e do Distrito Federal e da assistência social, os quais têm cunho deliberativo, participativo e formalizador das ações que tratam da assistência social, conforme está previsto no art. 16, incisos I a IV, da Lei n. 12.435/2011.

Nessa perspectiva, os conselhos de assistência social somam-se às ações da Administração Pública, exercendo um papel importante para a consolidação da Política Nacional de Assistência Social.

Com isso, o princípio da publicidade está intrínseco, porque todas as ações dos conselhos de assistência social e da Administração Pública devem estar formalmente publicadas para que ocorra a transparência de sua gestão. "O princípio da publicidade dos atos e contratos administrativos, além de assegurar seus efeitos externos, visa a propiciar seu conhecimento e controle pelos interessados direitos e pelo povo em geral, através dos meios constitucionais." (Meirelles, 2002, p. 92).

Todavia, o princípio da publicidade traz à tona a intenção de fortalecer a gestão descentralizada com a participação dos cidadãos nesse contexto, impedindo, assim, a prática centralizadora e estabelecendo a solidez da Carta Magna.

Por fim, ao tratar do princípio da eficiência, é importante compreender que

> A Emenda Constitucional n. 19, de 4-6-98, inseriu o princípio da eficiência entre os princípios constitucionais da Administração Pública, previstos no artigo 37, caput. Também a Lei n. 9.784/99 fez referência a ele no artigo 2º, caput [...] É o mais moderno princípio da

função administrativa, que já não se contenta em ser desempenhado apenas com a legalidade, exigindo resultados positivos para seus membros. (Di Pietro, 2007, p. 74-75)

Conforme o entendimento da autora, esse princípio, além de ser o mais moderno, não atua de forma isolada, mas busca somar-se aos demais para que, dessa forma, seja possível exercer seu papel no direito administrativo.

Assim, ao explicitar a Política Nacional de Assistência Social após a alteração feita pela Lei n. 12.435/2011, é possível notar que ficaram mais vastos os objetivos e, por conseguinte, a ampliação dos direitos sociais.

É importante compreender que as pessoas que estão à margem da sociedade têm direitos sociais, e é dever do Estado implantar e implementar políticas públicas que venham ao encontro da superação dessa desigualdade social, oferecendo o acesso à efetivação desses direitos.

Entre as questões amplamente analisadas, o princípio da eficiência desenvolve um papel fundamental, pois fortalece os demais, sem ficar acima de nenhum deles, sendo de grande contribuição para que sejam efetivados os ditames legais postulados na Carta Magna.

A eficiência exige que o responsável pelo serviço público preocupe-se sobremaneira com o bom resultado prático da prestação que cabe oferecer aos usuários. Ademais, por força dessa exigência, os serviços devem ser prestados sem desperdícios de qualquer natureza, evitando-se, assim, onerar os usuários por falta de método ou racionalização em seu desempenho.

Para tanto, reconhecemos a importância de tal princípio no que tange à implementação da Política Nacional da Assistência Social e à instituição do Suas, pois as diretrizes inerentes a ele favorecem a aplicabilidade da nova concepção de gestão pública à luz da Constituição de 1988. "Não há dúvida de que a eficácia é um princípio que não se deve subestimar na Administração Pública de um Estado de Direito, pois o que importa aos cidadãos é que os serviços públicos sejam prestados adequadamente." (Di Pietro, 2007, p. 75).

No decorrer de sua obra, a autora reconhece que esse princípio está no topo dos princípios da Constituição de 1988, porque ele direciona como deverá atuar a Administração Pública, a qual deve estar voltada aos interesses públicos.

Nessa concepção feita em relação ao princípio da eficiência e à consolidação da implementação da Política Nacional da Assistência Social no Brasil, é visível que ele foi utilizado de forma abrangente, tendo plena aplicabilidade, sendo foi confirmado pela Lei n. 12.435/11, que contribuiu para uma nova visão histórica da política de assistência social no Brasil.

2.5 Desafios do serviço social para atuar de forma propositiva na seguridade social da complexa sociedade capitalista

Pensar o serviço social na atuação propositiva para contribuir na consolidação da política de seguridade social no país requer considerar o processo histórico complexo e sua trajetória na atual conjuntura política, econômica e social.

"Mas é necessário, também, evitar uma outra perspectiva que venho chamando de messianismo profissional: uma visão heroica do Serviço Social que reforça unilateralmente a subjetividade dos sujeitos, a sua vontade política sem confrontá-la com as possibilidades e limites da realidade social." (Iamamoto, 2005, p. 22).

De fato, será preciso romper com essa visão equivocada e compreender que, para consolidar direitos, precisamos nos organizar como trabalhadores, como cidadãos que pleiteiam, por meio do coletivo organizado, a garantia e a efetivação dos direitos, para que realmente seja possível minimizar as desigualdades sociais e fazer valer os princípios constitucionais para todos os cidadãos brasileiros.

Diante do sucateamento das políticas públicas no Brasil, a lógica do fortalecimento econômico só distancia a população que está à margem da sociedade e aumenta a desigualdade social, pois as ações que estão sendo propostas apresentam, em sua maioria, o enfrentamento da pobreza e da desigualdade social e não atuam ativamente para a eliminação da pobreza, desrespeitando a singularidade dos sujeitos que estão à margem da sociedade.

Efetivamente, deparamo-nos com execuções de políticas que não combatem a flexibilização e a precarização do trabalho, protegendo o sistema financeiro, deixando os sujeitos vulneráveis em situação de abandono e tratando com descaso as pessoas que precisam de atenção prioritária.

Quando se fala em atenção prioritária, esse enfoque leva à reflexão sobre a situação das mulheres. Muitas exercem o papel de chefes de família, estão em situação de extrema pobreza por falta de valorização do mercado de trabalho, sob risco em razão da violência a que são submetidas ou dos altos índices de mortalidade materna, enfim, encontram-se sem acesso a seus direitos fundamentais.

Além das mulheres, os diversos desafios enfrentados diariamente pelas pessoas com deficiência, pelas crianças, pelos adolescentes e pelos idosos para acessar seus direitos demonstram um esvaziamento no debate e na organização do Estado para incluir esses sujeitos na política de seguridade social. Todo esse contexto da realidade traz o questionamento sobre quais estratégias serão necessárias para erradicar a pobreza e garantir os direitos sociais no Estado Democrático de Direito.

As conquistas dos direitos obtidas pelos diferentes movimentos sociais e sindicais em vários períodos históricos estão recheadas de lutas em prol do coletivo e das minorias sociais. Tais conquistas até hoje não estão ao alcance da maioria da população, excluída da sociedade.

"Trata-se de negar e de anular conquistas arduamente obtidas, agora sob a égide da austeridade, sinônimo de supressão de direitos sindicais, trabalhistas e sociais, ao mesmo tempo em que são congelados, com o 'ajuste fiscal'" (Lacaz, 2016).

Atuar em defesa da política de seguridade social é entender que essas políticas são de extrema relevância e representam papel fundamental para a consolidação do sistema de proteção social contido na Constituição pátria.

Cabe reforçar a impossibilidade de resguardar direitos sociais ignorando o princípio da isonomia, que quer dizer tratar o igual de forma igual e o desigual de forma desigual.

A Constituição Federal de 1988 assegura os direitos universais:

> Art. 3º Constituem objetivos fundamentais da República Federativa do Brasil:
>
> I – construir uma sociedade livre, justa e solidária;
>
> II – garantir o desenvolvimento nacional;
>
> III – erradicar a pobreza e a marginalização e reduzir as desigualdades sociais e regionais;
>
> IV – promover o bem de todos, sem preconceitos de origem, raça, sexo, cor, idade e quaisquer outras formas de discriminação. (Brasil, 1988)

O dispositivo afirma que o Poder Público deve garantir, por meio de políticas públicas, a equidade, reorganizando e efetivando os direitos sociais contemplados à luz da democracia, com o propósito de erradicar a desigualdade social.

Destacando a importância da Constituição Federal de 1988 como avanço para a garantia de direitos sociais, apontamos a política de saúde pública como uma área de relevância significativa.

É imprescindível frisar que as políticas sociais, desde sua implementação, sofrem com falta de recursos financeiros, causando desrespeito ao controle social. O Estado terceiriza os serviços públicos, deixando o usuário à mercê de um serviço pouco efetivo, pois essas instituições também não conseguem abarcar a cobertura dos serviços de que a população necessita.

Cabe, então, ao serviço social continuar a luta em prol da política de seguridade social, atuando nas diferentes frentes com uma postura propositiva crítica e promovendo, juntamente a outras categorias de trabalhadores sociais e da sociedade civil organizada, uma **articulação e mobilização dos movimentos sociais** para que seja redefinido o compromisso com a sociedade, a fim de fazer valerem os princípios constitucionais para o pleno exercício da cidadania.

A atual conjuntura não facilita a atuação profissional para o fortalecimento das organizações sociais de forma democrática. Pelo contrário, os conflitos existentes oriundos de anos de práticas assistencialistas e tentativas frustradas de implantação das políticas sociais, ocorrendo por falta de financiamento, de recursos humanos ou de outros fatores inerentes aos objetivos do capital, cravaram nos indivíduos o distanciamento do real sentido de exercer sua cidadania.

O desmonte da política de seguridade social está acontecendo, e o serviço social deve continuar atuando em defesa dos direitos, fortalecendo e ocupando os espaços de debates e da atuação em rede para engajar-se na causa com vistas ao fortalecimento social.

A transformação social em uma sociedade que vive um caos em razão de todo o sucateamento estatal não será fácil, pois demanda comprometimento ético-político com a causa, o debate constante com o Poder Público e com a sociedade, para que juntos encontrem estratégias que promovam a efetivação dos direitos sociais, resguardando os princípios constitucionais.

Síntese

Neste capítulo, apresentamos uma breve teoria sobre o que são as políticas de seguridade social e seu funcionamento. Discorremos sobre o tripé da seguridade social (saúde, previdência social e assistência social) e ponderamos sobre os desafios do serviço social para atuar de forma propositiva na sociedade capitalista e contribuir para o fortalecimento da seguridade social.

Foi necessário traçar um olhar direto para o ordenamento jurídico pátrio, o qual traz em seus dispositivos os ditames legais para a proteção dos direitos sociais.

Com reflexo nas mudanças ocorridas com a promulgação da Carta Magna, fica perceptível a necessidade de constar não apenas no papel, mas de reconhecer que a sociedade precisa ter políticas públicas que atendam às reais necessidade dos indivíduos, sob a égide da democracia e do pleno exercício da cidadania.

Os princípios constitucionais explícitos ou implícitos fortalecem a consolidação das políticas de seguridade social. No entanto, sem a intervenção do Poder Público para a implementação, a implantação e o desenvolvimento dessas políticas, o sistema de garantia de direitos acaba enfraquecendo e os principais prejudicados são os cidadãos que estão à margem da sociedade.

Identificamos também a importância de cada política da seguridade social, contextualizando-as com a Constituição Federal de 1988, com o objetivo de entender as particularidades de cada uma e o papel fundamental para contemplar os direitos sociais.

Concluímos com a provocação de repensar o serviço social em uma lógica mais ampla, que possa perpassar suas atribuições profissionais diárias, reforçando o comprometimento ético-político com as políticas sociais.

Questões para revisão

1. O modelo alemão adotado no Brasil com a promulgação da Carta Magna para a previdência social é:
   a) bismarckiano.
   b) beveridgiano.
   c) boschettidiano.
   d) da universalidade.

2. O art. 1º da Constituição Federal de 1988 trata dos fundamentos da República do Brasil. Qual princípio contempla em seu inciso III?

3. O art. 194 da Constituição Federal de 1988, inciso I, trata da:
   a) universalidade da cobertura e do atendimento.
   b) universalidade da cobertura e do atendimento somente da política da assistência social.
   c) universalidade da cobertura e do atendimento somente da política da previdência social.
   d) universalidade da cobertura e do atendimento somente da política de saúde.

4. O inciso IV do art. 194 da Constituição Federal de 1988 dispõe sobre a "irredutibilidade do valor dos benefícios". Isso significa que é estabelecido:
   a) o valor máximo do benefício.
   b) o valor mínimo do benefício.
   c) o valor intermediário do benefício.
   d) o valor médio do benefício.

5. Qual é o tripé da seguridade social?

Questões para reflexão

1. O serviço social precisa apropriar-se das questões do ordenamento jurídico para que tenha força enquanto categoria, lutando conjuntamente com outras categorias de trabalhadores em prol dos direitos sociais. Você concorda que o serviço social deve ser propositivo? Por quê?

2. No decorrer da história, temos conhecimento da luta dos cidadãos pelos direitos sociais, os quais foram conquistados com a promulgação da Constituição da República de 1988. Isso nos remete a descortinar o pensamento estanque de que a sociedade civil deve ficar inerte na participação da vida pública. Pelo contrário, a sociedade civil deve estar organizada conforme assegura a Constituição Federal, comprometida com a vida pública para que os direitos não sejam furtados ou reformulados causando danos a todos os brasileiros. Você concorda com isso? Por quê?

Para saber mais

DEGANI, P. M. **Princípio da dignidade da pessoa humana.** 2014. Disponível em: <https://jus.com.br/artigos/32131/principio-da-dignidade-da-pessoa-humana>. Acesso em: 19 out. 2019.

A autora faz uma reflexão acerca do princípio da dignidade humana, utilizando uma linguagem acessível e de fácil compreensão, propiciando ao leitor compreender a importância do referido princípio, que abarca, além dos direitos individuais, os de natureza social, econômica e cultural.

SPOSATI, A. Proteção social e seguridade social no Brasil: pautas para o trabalho do assistente social. **Serviço Social e Sociedade**, São Paulo, n. 116, p. 652-674, out./dez. 2013.

O artigo faz uma crítica à sociedade capitalista e à omissão do Estado com relação à política de seguridade social brasileira, trazendo a reflexão sobre as questões contemporâneas e os desafios para o enfrentamento da ausência de efetividade dos direitos dos cidadãos brasileiros.

CAPÍTULO 3

Evolução dos direitos da criança no Brasil

Conteúdos do capítulo:

- Brasil Colônia (1500-1822).
- Crianças indígenas.
- Crianças escravizadas.
- Roda dos expostos.
- Brasil Império (1822-1889).
- Lei do Ventre Livre (1871).
- Brasil República (1889 – dias atuais).
- Crianças operárias.
- Código de Menores de 1927.
- Maioridade penal.
- Fundação Nacional do Bem-Estar do Menor – Funabem – e Código de Menores de 1979.
- Doutrina da proteção integral.

Após o estudo deste capítulo, você será capaz de:

1. compreender a evolução dos direitos inerentes à criança e ao adolescente no Brasil desde o descobrimento até os dias atuais, por meio de suas conquistas ao longo da história, com a transformação da condição contemporânea de cidadãos com direitos e deveres;
2. ampliar a capacidade analítica sobre a legislação infantojuvenil, ferramenta necessária para contextualizar as políticas públicas nessa esfera, a atuação dos órgãos coligados e o fomento de inovações no âmbito legislativo;
3. refletir a respeito das mudanças da sociedade relativas ao reconhecimentoa da infância em uma concepção mais humanizada.

3.1 Brasil Colônia (1500-1822)

A dimensão histórica da expedição liderada por Pedro Álvares Cabral deve ultrapassar o entendimento de uma viagem de descobrimento. A singularidade do evento, aliada ao uso da tecnologia e dos conhecimentos reunidos pelos portugueses para atravessar os oceanos, culminou, em 22 de abril de 1500, em um momento único e impactante: o contato imediato entre seres humanos, absolutamente diferentes em termos culturais e que até então haviam vivido isolados entre si. Ainda que houvesse um conhecimento teórico sobre a terra, talvez fosse impossível prever todas as consequências desse grande feito.

3.1.1 Crianças indígenas

Os primeiros momentos dos portugueses na Terra de Santa Cruz foram marcados pelo choque com a população ameríndia, principalmente os tupis-guaranis e os tapuias, que, embora bastante homogêneos em termos culturais e linguísticos, viviam de modo completamente paradoxal em relação aos colonizadores europeus. Não restam dúvidas de que a chegada dos portugueses representou para os indígenas uma verdadeira catástrofe. O conflito entre povos culturalmente tão distintos, seja pelo alcance limitado de suas atividades, seja pela tecnologia rudimentar de que dispunham ante a truculenta abordagem colonizadora, fez com que os nativos sofressem com a violência cultural, as epidemias e as mortes.

No processo de colonização, a responsabilidade pela organização social da colônia ficou a cargo da Companhia de Jesus, ordem religiosa cujos membros eram conhecidos como jesuítas. Chegaram em 1549, no mesmo momento em que foi instalado o Governo-Geral.

Os jesuítas empenharam-se na missão de transformar os nativos em cristãos. Aos olhos deles, o cenário carecia de marcas civilizatórias da metrópole na colônia, o que ocorreria "não apenas através da instalação de vilas, da construção de capelas e da semeadura nos campos, mas também, as almas indígenas deveriam ser ordenadas e adestradas para receber a semeadura da palavra de Deus", conforme afirma Del Priori (1998, p. 11).

Nesse momento, a infância foi percebida como momento oportuno para a catequese. Colaborava com as novas ideias em desenvolvimento no continente europeu a compreensão da importância desse momento da vida. Em um passado pouco distante, as crianças até então eram tratadas como "adultos em miniatura", em uma expressão empregada pelo historiador Philippe Ariès, no sentido de que necessitavam apenas de cuidados básicos até o ponto em que conseguissem executar tudo sozinhas.

As crianças passavam por um lento processo de reconhecimento como seres em desenvolvimento, com características e necessidades próprias (Ariès, 1986, p. 51). Os religiosos, então, apropriaram-se do novo discurso para se aproximarem delas.

Figura 3.1 – Jesuítas na catequização indígena

Granger/Glow Images

Um dos nomes mais conhecidos no **processo de evangelização** foi o do Padre José de Anchieta, que, em cartas enviadas à Coroa, informava que era preciso evitar "os adultos a quem os maus costumes de seus pais tem convivido em natureza, cerram os ouvidos para não ouvir a palavra da salvação e converter-se ao verdadeiro culto de Deus" (Del Priori, 1998, p. 12). O melhor, então, era investir nos curumins para o adestramento moral e espiritual, que se juntavam aos filhos dos colonos no sistema de catequese dos jesuítas. Para tanto, era necessário que aprendessem a língua portuguesa para a leitura de trechos bíblicos e o ensino da prática religiosa.

Além da religião, os padres da Companhia de Jesus conduziam as crianças para escolas de ofícios diversos, de modo que aprendessem uma profissão considerada digna, além da permanência da agricultura nas missões de catequese.

Evidentemente, no caso dos indígenas, o método revelava total desvalorização com relação aos aspectos socioculturais relativos à formação de seu povo, seus costumes e suas tradições. A historiadora Mary Del Priori (1998, p. 21) ensina que:

> A habilidade jesuítica consistia em relacionar os momentos críticos vividos pelas comunidades indígenas, como os de tantos surtos epidêmicos, para acionar a procissão de crianças e beneficiar-se do clima de devotada piedade que suscitavam tais cenas; fizemos nove procissões aos nove coros dos anjos contra todo o inferno e logo a morte cessou, diz uma carta escrita após uma forte epidemia".

3.1.2 Crianças escravizadas

Entre os séculos XVI e XIX, com a vinda dos negros escravizados, as crianças que chegavam da África e os aqui nascidos eram imediatamente separados de seus pais após seu nascimento. A ausência de infância era cruel. Eram evidentes as altas taxas de mortalidade infantil e orfandade entre os escravizados.

A orfandade não era motivo de preocupação entre os senhores de escravizados, pois, tão logo conseguissem executar algumas atividades, as crianças eram obrigadas ao trabalho. Já a mortalidade infantil ocorria em decorrência da ausência de tratamento de doenças.

Simões (2007, p. 202) destaca que, em geral, até os 8 anos de idade, mais ou menos, as crianças não exerciam tarefas produtivas, mas logo passavam a trabalhar no campo (cana-de-açúcar, tabaco, café, algodão e outros) ou nos ofícios (engenhos de açúcar, alfaiates, ourives, serralheiros, sapateiros, barbeiros, ferreiros, pedreiros, padeiros, marceneiros, seleiros, tropeiros, canoeiros, costureiras, obreiras e outros), como domésticos (pajem, ama, moço de recados, capanga, doceira, cria da casa, afilhado, homem de confiança e outros) ou sendo negros de aluguel ou de ganho.

Góes e Florentino contribuem ao afirmarem que a faixa etária dos 12 anos de idade era o momento em que já estavam aptos ao trabalho. Muitos traziam no sobrenome a profissão.

> Por volta dos 12 anos, o adestramento que as tornava adultos estava se concluindo. Nesta idade, meninos e meninas começavam a trazer a profissão no sobrenome: Chico Roça, João Pastor, Ana Mucama. O pequeno Gastão, por exemplo, aos quatro anos já desempenhava tarefas domésticas leves na fazenda de José de Araújo Rangel. Gastão nem bem se pusera de pé e já tinha um senhor. Manoel, aos oito anos, já pastoreava o gado da fazenda de Guaxindiba, pertencente à baronesa de Macaé. Rosa, escrava de Josefa Maria Viana, aos 11 anos de idade dizia-se ser costureira. Aos 14 anos, trabalhava-se como um adulto. (Góes; Florentino, 2000, p. 184)

A mudança de condição dessas crianças só encontraria amparo na legislação com a Lei do Ventre Livre em 1871, conforme veremos adiante.

3.1.3 Roda dos expostos

Nos anos finais do século XVII, as autoridades estavam preocupadas com o crescente fenômeno do abandono e da exposição de recém-nascidos. Juntamente a altas taxas de mortalidade e com a doação de crianças, esses eventos sofriam contribuição dos fatores econômicos, sociais e culturais da época, que se somavam aos efeitos adversos da implantação da urbanização.

Leite (1998), no esforço de justificar comportamentos e sentimentos de outros tempos, pondera fatores relativos à exploração sexual das escravas, más condições de saúde e, ainda, certa indiferença quanto ao valor da criança até o início do século XIX.

Em cidades como Salvador e Rio de Janeiro havia um crescente número de expostos pelas ruas e casas de família. Petições eram enviadas ao rei solicitando providência "contra os atos desumanos de abandonar crianças pelas ruas, onde eram comidas por cães, mortas de frio, fome e sede" (Marcilio, 2016, p. 59). Com sua autorização, foi instituída no Brasil a roda dos expostos ou roda dos enjeitados, como era o costume de se dizer à época. A roda era um cilindro feito de madeira, dividido em duas partes, instalado em uma parede ou muro, como uma janela, onde uma das faces era com vista para a rua e outra para o interior da instituição de caridade.

No cilindro, havia uma abertura onde se colocava o recém-nascido e um mecanismo que permitia girá-lo para dentro da instituição, de modo que não se identificasse a pessoa que abandonava o bebê. Sua origem remonta à Europa medieval e seria um meio de garantir o anonimato do expositor e evitar que o bebê indesejado fosse abandonado em igrejas, portas de casas de família, praças públicas ou, ainda, lugares ermos, como estradas, bosques ou lixo, "onde em grande parte morriam de fome, frio ou mesmo comido por animais, não fossem encontrados e recolhidos por almas caridosas" (Marcilio, 2016, p. 59).

Figura 3.2 – Roda dos expostos

Mary Evans/Glow Images

A exemplo do que já se praticava em Portugal, a primeira roda dos expostos foi instalada em 1726 na Santa Casa de Misericórdia em Salvador, Bahia, após autorização da Coroa. Na sequência, foram colocadas nas Santas Casas do Rio de Janeiro em 1738 e no Recife em 1789.

Em São Paulo, a primeira roda foi introduzida na Santa Casa em 1825. A instituição teve um longo período de existência no curso da história do Brasil. Não obstante seus aspectos morais, em um período de aproximadamente 150 anos, a roda dos expostos foi praticamente a única instituição de assistência à criança abandonada em todo o Brasil (Marcilio, 2016).

Em todos os locais onde as rodas foram instaladas, havia muita discussão. Leite (1998, p. 99) informa que "acreditava-se que o anonimato dos pais pelo enjeitado propiciava a licenciosidade e a irresponsabilidade pelo fruto de seus prazeres". Em outras palavras, o abandono da criança acabava sendo considerado resultante da existência da roda. Destacamos, ainda, que, no imaginário de crianças de famílias estruturadas, a roda era usada como ameaça, provocando uma curiosidade temerosa. Existiam recomendações para que não se passasse muito perto nem se olhasse muito para quem estava nas proximidades.

Com o surgimento de novas alternativas, como associações filantrópicas, mais alinhadas com os perfis sociais, econômicos e culturais do século XX, a roda foi extinta em 1948.

3.2 Brasil Império (1822-1889)

O período conhecido como Brasil Império iniciou-se com o processo de independência do Brasil de sua matriz Portugal, época violenta e marcada por guerras, sendo celebrada oficialmente em 7 de setembro de 1822. Gomes (2010) destaca que as condições brasileiras à época da independência eram precárias: "era uma população pobre e carente de tudo, que vivia à margem de qualquer oportunidade em uma economia agrária e rudimentar, dominada pelo latifúndio e pelo tráfico negreiro" (Gomes, 2010, p. 8). O autor ainda contextualiza o momento ao informar que, de cada três brasileiros, dois eram escravizados, negros ou indígenas. De cada dez pessoas, só uma sabia ler e escrever.

Nesse cenário, o Imperador Pedro I outorgou, em 1824, a primeira Constituição brasileira, considerada avançada para sua época, que vigorou até a elaboração da Constituição de 1891, nascida com o advento da Proclamação da República. Gomes (2010) ensina que Pedro I era um abolicionista convicto e tinha ideias avançadas a respeito da forma de organizar e governar a sociedade brasileira. Desse modo, torna-se possível inter-relacionar os fatos e compreender a importância da criação da Lei do Ventre Livre.

3.2.1 Lei do Ventre Livre (1871)

A Lei n. 2.040, de 28 de setembro de 1871, conhecida como Lei do Ventre Livre, é um marco na legislação pertinente à infância por ser a primeira a tratar de proteger as crianças escravizadas no Brasil (Brasil, 1871). Sancionada pela Princesa Isabel, a lei também era conhecida como *Lei Rio Branco*, em apologia ao Visconde do Rio Branco, primeiro ministro do governo na ocasião. Diversos fatores locais e internacionais condicionaram a assinatura da lei, em uma época em que o panorama social e político convergia para a necessidade do ideal abolicionista. Para tanto, o método referendado pela lei revelava o intuito de findar de maneira gradativa a escravidão no Império, tornando livres todos os filhos de escravizadas nascidos a partir de então, conforme transcrição do art. 1º: "Os filhos de mulher escrava que nascerem no Império desde a data desta lei, serão considerados de condição livre" (Brasil, 1871).

A lei totalizava dez artigos e garantia que as crianças nascidas a partir daquela data ficariam sob responsabilidade dos senhores de suas mães até completarem 8 anos de idade. A partir de então, havia duas possibilidades: poderiam ficar sob os cuidados de seus senhores até completarem 21 anos de idade ou poderiam ser entregues ao Estado mediante indenização em dinheiro. A primeira situação foi a mais comum e representava um benefício aos senhores, que poderiam continuar usando a mão de obra destes considerados livres até completarem 21 anos de idade.

No caso das crianças cedidas ao Estado pelos senhores, o governo devia encaminhá-las para estabelecimentos públicos ou associações por ele autorizadas, passando a tais instituições o direito de explorar seus serviços até completarem 21 anos, com a incumbência de constituir uma soma economizada e reservada de dinheiro e, ao final, conseguir uma colocação adequada. A fiscalização dessas disposições ficaria a cargo dos juízes de órfãos (Lima; Venâncio, 1998).

Se, por um lado, esses direitos representavam importantes conquistas para os infantes, que, até então, não tinham quaisquer direitos ou proteção por parte da monarquia ou da sociedade em geral, por outro lado, Carneiro (1980) destaca que houve muitas críticas à lei por parte dos abolicionistas da época, já que outros problemas relacionados à escravidão não foram resolvidos, como o estabelecimento de um prazo para sua extinção total, considerando-se que os nascituros, mesmo nascidos após a vigência da lei, continuariam escravizados de fato, pois sua família permanecia escravizada – o fim da escravidão ocorreria anos mais tarde, em 1889, com a assinatura da Lei Áurea.

Argumentavam também que a lei era ineficaz na conservação das famílias escravizadas, pois determinava sua indivisibilidade, consequentemente estendendo o domínio do senhor por muitos anos. Outros pontos considerados importantes não haviam sido resolvidos, pois a lei não revogou a pena de açoite nem a pena de morte para o escravizado.

Lima e Venâncio (1998, p. 62) relatam com minúcias a situação vivenciada nos anos seguintes: "a esmagadora maioria dos proprietários preferiu continuar a utilizar os serviços dos filhos de suas escravas, já que, dos 400 mil ou mais ingênuos registrados até 1885, apenas 118 haviam sido confiados ao governo, o que representava menos de 0,1%".

O historiador Evaristo de Morais Filho, citado por Carneiro (1980, p. 14), elucida a distinção entre as definições de **emancipação** e **abolição**: "emancipar seria preparar o escravo paulatinamente para a liberdade; abolir seria cortar de vez, e de um só golpe, os laços ultrajantes da escravidão".

Lima e Venâncio (1998) concluem, ao citar um estudo de Roberto Conrad, que a maior parte das crianças continuava "num estado de escravidão de fato até elas serem libertadas, ao mesmo tempo que os escravos, em 13 de maio de 1888", em referência à assinatura da Lei Áurea, oficialmente Lei Imperial n. 3.353, diploma legal que extinguiu a escravidão no Brasil.

3.3 Brasil República (1889-dias atuais)

O episódio datado de 15 de novembro de 1889, a Proclamação da República, marcou o início de uma nova fase na história do Brasil, cujo modelo estende-se até os dias de hoje, embora com diferentes faces ao longo dos anos. Também marca o esgotamento do regime que o antecedeu, a monarquia. De acordo com Gomes (2013), eventos como a assinatura da Lei Áurea em 1889 desestruturaram os barões do café paulista, que dependiam de mão de obra escrava, e, ao se sentirem traídos pela Coroa, deram força ao movimento republicano.

3.3.1 Crianças operárias

Em 1889, o Brasil vivenciava a transição do império para a república e a subsequente promulgação da Constituição, em 24 de fevereiro de 1891. São Paulo percebia a expansão da economia com a valorização do café e, na capital, com a primeira fase de industrialização no Brasil, há o registro da presença de crianças e adolescentes no trabalho em fábricas e oficinas, principalmente na indústria têxtil, em uma tentativa de equilibrar o parco orçamento familiar, por vezes em idade baixíssima, como descreve Bandeira Júnior (citado por Moura, 1998, p. 113): "considerável número de menores, a contar de 5 anos ocupados em serviços fabris no ano de 1901, conduzida ao trabalho das fábricas onde, ou recebe salários irrisórios ou, na condição de aprendiz, não tem suas atividades sequer remuneradas".

A idade como critério de diferenciação da mão de obra é perfeitamente inserida na dinâmica capitalista, ampliando as perspectivas de lucro do empresariado, conforme dialoga Moura (1998, p. 113): "dada a perfeição da maquinaria, os pequenos e improvisados operários podem produzir tanto quanto os adultos, recompensados, entretanto, com mísero salário".

Em sua pesquisa histórica, Moura (1998, p. 114) demonstra, segundo levantamentos realizados à época pelo Departamento Estadual do Trabalho, a extensão da utilização da criança e do adolescente como força de trabalho:

> no ano de 1912, é bastante expressivo o aproveitamento da mão de obra do menor na industrial têxtil do estado de São Paulo. Nos estabelecimentos então visitados na capital, aproximadamente 22, os menores representam pouco mais de 30% do total de operários absorvidos pelo setor, sendo empregados sobretudo na fiação e na tecelagem, funções nas quais representam respectivamente, 50% e 30% da mão de obra.
>
> Em 1919, o mesmo departamento constata, ainda com relação a esse setor, que os menores correspondem a cerca de 40% do total de mão de obra empregada nos 19 estabelecimentos que visita. Com relação aos demais setores, a mão de obra corresponde, nos 109 estabelecimentos que o departamento arrola em seu inquérito, a pouco mais de 15% do total de trabalhadores empregados na capital.

É digno de nota a elevada quantidade reportada de trabalhadores acidentados no período em estudo, sendo os menores a maioria das vítimas. Timidamente, medidas visando à regulamentação por parte do Estado apresentam-se diluídas em leis de caráter mais amplo, a exemplo da fixação de limite de idade de admissão dos menores no trabalho das fábricas e oficinas pelo Decreto n. 2.141/1911, antigo Código Sanitário do Estado de São Paulo.

Entre os meses de junho e julho de 1917, houve a primeira greve de grandes proporções no Brasil. A **Greve Geral de 1917**, como ficou conhecida, foi promovida por organizações operárias motivadas por melhorias nas condições de trabalho e de salários e paralisou a indústria e o comércio durante 30 dias.

Nesse período, foi criado o Comitê de Defesa Proletária, que reivindicava, entre outras demandas, a proibição do trabalho para menores de 14 anos e a abolição do trabalho noturno de mulheres e menores de 18 anos. Com efeito, houve uma nova edição do Código Sanitário paulista. A Lei Estadual n. 1.596, publicada em 29 de dezembro de 1917, em seu art. 92, impôs novas limitações, estabelecendo que, mediante consentimento de seus representantes legais, poderiam ser admitidos operários entre 12 e 15 anos desde que em serviços leves, que não prejudicassem a saúde e a instrução escolar, e em seu art. 94, que os menores não poderiam trabalhar em fábricas de bebidas alcoólicas ou indústrias perigosas ou insalubres nem executar serviços que oferecessem riscos de acidentes ou que produzissem muita fadiga.

3.3.2 Código de Menores de 1927

Preliminarmente, Londoño (1998, p. 129) chama atenção para a origem do termo *menor* e sua profusão a partir da década de 1920. Em seu levantamento bibliográfico sobre o termo *criança*, observou que, entre o final do século XIX e o começo do século XX, a palavra *menor* passou a aparecer com maior frequência no vocabulário jurídico brasileiro e, a partir de 1920, essa palavra foi relacionada à "criança em relação à situação de abandono e marginalidade, além de definir sua condição civil e jurídica e os direitos que lhe correspondem".

Em 1923, foi criado o Juizado Privativo de Menores na cidade do Rio de Janeiro, Capital Federal à época. Seria a primeira instituição para a assistência a crianças abandonadas física e moralmente

Em seguida, houve a promulgação do primeiro documento legal para a população menor de 18 anos, o Código de Menores, Lei n. 17.943-A, em 12 de outubro de 1927. O documento ficou conhecido como Código Mello Mattos em homenagem a seu idealizador, José Cândido de Albuquerque Mello Mattos, que fora escolhido como o primeiro juiz de menores da América Latina. O Código de Menores não se destinava àquelas crianças que a lei estabelecia como em situação irregular.

Dessa forma, o Estado assumiria a responsabilidade legal pela tutela desses menores órfãos ou abandonados ao institucionalizar os desamparados. O Código de Menores estabelecia diretrizes claras para o trato de crianças e adolescentes excluídos ao regulamentar questões como delinquência e liberdade vigiada, tutela, pátrio poder e trabalho infantil.

O Poder Judiciário foi revestido de grande poder e o destino de muitas crianças e adolescentes dependia do julgamento e da ética do juiz. O Código, conforme afirmam Couto e Melo (1998, p. 30), "foi utilizado nessa época como firme propósito de afastar as crianças de seu meio sociofamiliar. A possibilidade de perda do pátrio poder pela impossibilidade ou incapacidade, inclusive financeira, dos pais, permitia que o juiz encaminhasse a criança e o adolescente a instituições de internação".

Conforme esclarecem os autores, o Código classificava as crianças pobres como "menores", que poderiam pertencer a três subcategorias: os **abandonados**, os **moralmente abandonados** e os **delinquentes**. Abandonados seriam aqueles que não tinham pais; os moralmente abandonados eram os filhos de famílias que não tinham condições financeiras ou morais; e os delinquentes eram aqueles que praticavam atos infracionais, ou seja, crimes e contravenções. Com isso, houve a necessidade da "construção de internatos, cujos prédios deveriam ser de forma circular para facilitar a constante observação dos comportamentos dos internos. O principal objetivo deste aparato era transformar os delinquentes em 'dóceis e úteis'" (Couto; Melo, 1998, p. 29).

Embora o Código de Menores represente o início da formulação de modelos de atendimento, não resultou em melhorias nas condições de miséria e pobreza nem em progressos nas condições de vida da criança; ao contrário, criminalizava a pobreza ao submeter os menores a medidas judiciais sempre que sua conduta fosse enquadrada nos termos da lei, equiparando-os aos menores infratores. Fica, portanto, evidente que as soluções foram paliativas, sem nada transformar e sem qualquer compromisso com a resolução dos problemas do menor.

3.3.3 Maioridade penal

Em 10 de novembro de 1937, ao instaurar um novo regime no Brasil, intitulado de *Estado Novo*, Getúlio Vargas comandou uma vasta produção legislativa. Merece destaque a elaboração de um novo Código Penal em 1940, que está vigente até hoje. Não obstante tenha sido elaborado durante um regime ditatorial (e, como qualquer outra obra de tamanha grandeza, não sendo imune a defeitos), o Código ainda assim é considerado uma obra ímpar no meio da ciência penal do país, tanto é que se tornou uma obra recebedora de vários elogios referenciais da crítica estrangeira. Entre inúmeras alterações, a lei de 1940 elevou o limite etário para 18 anos, até hoje adotado, ante os 14 anos de idade das legislações anteriores.

Na história, existiram três códigos penais. O primeiro foi datado de 16 de dezembro de 1830, período imperial, foi também o primeiro Código Penal da América Latina, sendo por um novo em 11 de outubro de 1890, promulgado por advento da República. O Código de 1830 fixou a imputabilidade plena em 14 anos de idade. Posteriormente, a nova legislação de 1890 manteve a imputabilidade na mesma idade de seu antecessor. Inspirado pela legislação penal francesa de 1891, com "um novo humanismo que definiu a aplicabilidade de isenções às infrações cometidas por menores" (Passetti, 1998, p. 148), o critério utilizado para atribuir a um indivíduo como penalmente imputável era a capacidade desse indivíduo de discernir sobre os atos praticados na área penal, ou seja, era aplicado o critério **biopsicológico**, em contraposição ao critério **cronológico**, ou biológico, adotado na codificação de 1940, conforme comentaremos mais adiante. De acordo com o Código Penal brasileiro de 1940, se um adolescente cometesse um ilícito penal, responderia por suas condutas tal qual um adulto, caso fosse comprovado que, no momento da ação, tinha capacidade de compreender a ilicitude do ato. Porém, o jovem era avaliado de modo grosseiro, pelo grau de discernimento diante do ato cometido. Com a redação do art. 27

do atual Código Penal, no critério cronológico, apenas se observa a idade, não se considerando qualquer outro aspecto. Portanto, conforme assevera Nucci (2007, p. 315), o Código Penal em vigor "em lugar de se permitir a verificação da maturidade, caso a caso, optou-se pelo critério cronológico, isto é, ter mais de 18 anos". Em colaboração, Mirabete (2001, p. 216) afirma:

> Adotou-se no dispositivo um critério puramente biológico (idade do autor do fato) não se levando em conta o desenvolvimento mental do menor, que não está sujeito à sanção penal ainda que plenamente capaz de entender o caráter ilícito do fato e determinar-se de acordo com esse entendimento.
>
> Trata-se de uma presunção absoluta de inimputabilidade que faz com que o menor seja considerado como tendo desenvolvimento mental incompleto em decorrência de um critério de política criminal. Implicitamente, a lei estabelece que o menor de 18 anos não é capaz de entender as normas da vida social e agir conforme esse entendimento.

Como consequência do Código Penal de 1940, o governo criou, em 1942, o Serviço de Assistência ao Menor – SAM, órgão do Ministério da Justiça e Interior. O SAM exercia função equivalente à do sistema penitenciário para a população menor de idade. Sua orientação era correcional-repressiva, embora com alguns objetivos de assistência psicopedagógica (Simões, 2007). Adolescentes infratores eram direcionados para reformatórios, casas de correção e patronatos agrícolas, enquanto a destinação para menores carentes e abandonados eram escolas de aprendizagem de ofícios urbanos. De qualquer modo, o SAM é reconhecido como a primeira política pública estruturada para a infância e a adolescência no Brasil. Foi extinto em 1964 com a criação da Funabem – Fundação Nacional de Bem-Estar do Menor.

No campo do trabalho, a contemporânea Consolidação das Leis do Trabalho – CLT, de 1º de maio de 1943, incluiu em seu texto original um capítulo sobre a proteção ao trabalho do menor, garantindo, entre outras medidas, a proibição do trabalho do menor de 14 anos e ao menor de 18 anos a proibição do trabalho penoso ou insalubre e, mais tarde, do trabalho noturno. No campo da formação profissional, houve a criação de instituições como o Serviço Nacional de Aprendizagem Industrial – Senai e o Serviço Nacional do Comercio – Senac, com a finalidade de realizar cursos para o menor aprendiz e preparar a mão de obra juvenil.

3.3.4 Fundação Nacional de Bem-Estar do Menor – Funabem e Código de Menores de 1979

O regime da ditadura militar no Brasil vigorou entre 1º de abril de 1964 e 15 de março de 1985. Nesse período, foi elaborada a Política Nacional do Bem-Estar do Menor e, com a Lei n. 4.513, de 1º de dezembro de 1964, a Fundação Nacional do Bem-Estar do Menor – Funabem, pondo fim ao já desgastado SAM, em virtude de sucessivas rebeliões promovidas pelos internos e por considerar obsoletas as técnicas até então empregadas na reeducação do menor. O SAM passou a ser considerado, perante a opinião pública, repressivo e desumanizante e ficou conhecido como *universidade do crime*.

Passetti (1998, p. 151) ensina que, com a apresentação da lei dos estatutos da Funabem, a nova proposta de atendimento ao menor não estaria mais instituída por fundamentos paliativos, empregados até então, mas retirando-se o foco na internação, com vistas à proteção da criança, com formação de pessoal especializado para esse fim, fornecimento de assistência técnica aos estados, municípios e entidades públicas e privadas, no auxílio aos juízes, para, por fim, "atualizar os métodos de educação e reeducação de menores infratores ou portadores de graves problemas de conduta, e mais, adoção de meios tendentes a prevenir ou corrigir as causas do desajustamento".

Para sua implantação, foram compreendidos três aspectos relevantes: a integração de programas nacionais de desenvolvimento econômico e social; o dimensionamento das necessidades afetivas, de nutrição, sanitárias e educativas; e a racionalização dos métodos a serem utilizados.

A pretensão era, de acordo com Simões (2007), passar do modelo correcional-repressivo para um **assistencialista**, fundado na concepção do menor como feixe de carências psicobiológicas, sociais e culturais. O atendimento, então, passou a ser feito por postos de triagem e redes oficiais de internatos.

O novo Código de Menores, Lei n. 6.697, de 10 de outubro de 1979, substituiu seu antecessor de 1927. Pela nova lei, os infratores não seriam mais tratados formalmente como delinquentes, e sim como **autores de atos infracionais**. Branco, Emilio e Santos (2017) consideram que, apesar do tempo transcorrido, o novo diploma não trouxe mudanças expressivas no tocante ao tratamento dispensado à criança e ao adolescente; pelo contrário, em seus pressupostos, considerava aqueles que estavam em situação de pobreza ou miserabilidade uma ameaça à ordem vigente, ou seja, o Código continuou como instrumento de repressão e correção, estabelecendo modelos existentes até então, em uma reafirmação da doutrina da situação irregular do menor.

Embora a base legal da doutrina da situação irregular tenha sido efetivamente sistematizada no Código de Menores, Gomes (2007) explica que a ideia de intervenção do Poder Público de acordo com a ótica da tipicidade já existia na legislação anterior.

O Código de 1927 classificava os menores em expostos (art. 14), abandonados (art. 26), vadios (art. 28), mendigos (art. 29) e libertinos (art. 30) e, a partir daí, mecanismos de assistência e de proteção eram criados.

No Código de 1979, a referência não é feita à pessoa do menor de acordo com sua classificação, mas à situação irregular em que estivesse inserido. Nesse sentido, em termos ontológicos, não houve mudança significativa, pois a lei de 1979 continuou tratando da assistência, da proteção e da vigilância dos delinquentes e abandonados, síntese das chamadas *situações irregulares*, elencadas no art. 2º.

A finalidade ainda era a ação preventiva, evitando a marginalização mais ampla, pois o abandono material ou moral seria um caminho curto para a criminalidade. A ruptura com o direito assistencialista que vigorou por mais de 70 anos no trato da pessoa em formação viria apenas com a adoção da doutrina da proteção integral da Constituição de 1988 e, posteriormente, do Estatuto da Criança e do Adolescente – ECA, conforme veremos a seguir.

3.4 Doutrina da proteção integral

A Constituição Federal rompeu definitivamente o paradigma das legislações anteriores ao inaugurar uma nova fase na promoção da proteção das crianças e dos adolescentes. É a doutrina da proteção integral, estampada no art. 227 e posteriormente disciplinada pelo ECA.

Logo no art. 6º, a Constituição evidencia-se a proteção à infância, declarada como direito social, juntamente à educação, à saúde, à alimentação, ao trabalho, à moradia, ao transporte, ao lazer, à segurança, à previdência social, à proteção à maternidade e à assistência aos desamparados. Sem pormenorizar, o artigo manifesta sua existência e reconhece sua importância (Brasil, 1988). O rol de direitos e garantias encontra-se estampado no art. 227 da Constituição Federal, nos seguintes termos:

> É dever da família, da sociedade e do Estado assegurar à criança, ao adolescente e ao jovem, com absoluta prioridade, o direito à vida, à saúde, à alimentação, à educação, ao lazer, à profissionalização, à cultura, à dignidade, ao respeito, à liberdade e à convivência familiar e comunitária, além de colocá-los a salvo de toda forma de negligência, discriminação, exploração, violência, crueldade e opressão. (Brasil, 1988)

Desse modo, encontramos concentrados nesse dispositivo os mais importantes e essenciais direitos do ser humano, com olhares voltados especificamente à criança e ao adolescente. Podemos perceber ainda, como observa Simões (2007), que o art. 227 tem como característica a **universalidade** da proteção a todas as crianças e adolescentes, diferentemente das legislações anteriores, que eram restritas àquelas em situação de carência ou de risco social ou pessoal. Rossato, Lépore e Cunha (2013) ensinam que, sob essa ótica, a família responsabiliza-se pela manutenção da integridade física e psíquica; a sociedade, pela convivência coletiva harmônica; e o Estado, pelo constante incentivo à criação de políticas públicas.

A promulgação do ECA, Lei n. 8.069, de 13 de julho de 1990 (Brasil, 1990b), é, para Cury (2013, p. 17), "a síntese do pensamento do legislador constituinte, expresso na consagração do preceito de que os direitos de todas as crianças e adolescentes devem ser universalmente reconhecidos". São direitos especiais e específicos, pela condição de pessoas em desenvolvimento. Nucci (2014) acentua que a concentração dos principais e essenciais direitos da pessoa humana, voltados especificamente para as crianças e os adolescentes, estão concentrados nessa lei.

Em suas palavras,

> significa que, além de todos os direitos assegurados aos adultos, afora todas as garantias colocadas à disposição dos maiores de 18 anos, as crianças e os adolescentes disporão de um plus, simbolizado pela completa e indisponível tutela estatal para lhes afirmar a vida digna e próspera, ao menos durante a fase de seu amadurecimento. (Nucci, 2014, p. 6)

Nesse diapasão, Gomes (2007, p. 145), a seu turno, acentua:

> a finalidade do sistema deixa de ser a prevenção à marginalidade e passa a ter uma dimensão muito mais ampla: o bom desenvolvimento do ser em formação, em todos os aspectos: físico, moral, educacional, social e espiritual. Não se quer apenas minimizar os riscos da marginalidade, mas propiciar a própria evolução da sociedade, através da proteção integral de suas crianças. Logo, a preocupação deixa de ser somente com aqueles em situação de risco, os delinquentes e abandonados. Passa-se a ter o foco sob toda e qualquer pessoa em formação, do zero aos 18 anos, esteja ou não sob o poder familiar regular.

Síntese

Para debater com profundidade as questões de políticas públicas voltadas à criança e ao adolescente, é necessário conhecermos sua base. Neste capítulo, esclarecemos pontos importantes nos três períodos históricos brasileiros, desde o descobrimento e a fase colonial, seguidos da vinda da Corte e da instalação do governo imperial, passando pela libertação da matriz portuguesa e pela Proclamação da República até os dias atuais.

Analisamos a roda dos expostos e, ao nos confrontarmos com o pensamento moderno, pensamos ser impossível permanecer inerte diante da institucionalização de um método tão desprovido de sensibilidade, ao mesmo tempo que se torna evidente que, ainda assim, em seu tempo, era um mecanismo que buscava humanizar o abandono, evitando-se que o bebê rejeitado sofresse ainda mais de fome, de frio e do que se mais seja possível imaginar nessas condições.

Abordamos também a Lei do Ventre Livre e seus impactos na sociedade nos últimos anos do Império e na transição para o período republicano, bem como a evolução dos direitos e das instituições até os dias presentes.

Questões para revisão

1. A Lei do Ventre Livre foi uma lei abolicionista promulgada no Brasil em 28 de setembro de 1871. Sobre ela, assinale a alternativa correta:
   a) Conferia liberdade a todas as crianças nascidas no Brasil filhas de negras escravizadas.
   b) Libertava as escravizadas e seus filhos, mas não seus pais, que continuavam escravizados por seus senhores.
   c) Encontrou resistência por parte dos senhores, uma vez que não indenizava as crianças libertadas nascidas a partir da publicação da lei.

d) Embora tornasse livres todas as crianças nascidas após sua publicação, possibilitava que ficassem sob os cuidados do antigo proprietário até completarem 21 anos de idade.

2. Durante o período colonial, foram implantadas no Brasil três rodas dos expostos, cronologicamente, nos seguintes estados:
   a) Bahia, Rio de Janeiro e Pernambuco.
   b) São Paulo, Rio de Janeiro e Minas Gerais.
   c) Bahia, São Paulo e Rio de Janeiro.
   d) São Paulo, Rio de Janeiro e Bahia.

3. Como se chamava a ordem religiosa responsável pela catequização dos indígenas à época do descobrimento do Brasil?
   a) Companhia jesuíta.
   b) Companhia de Jesus.
   c) Sociedade de Vera Cruz.
   d) Ordem de São Bento.

4. Qual lei brasileira aumentou a maioridade penal de 14 para 18 anos de idade?

5. O que é Funabem e qual era sua função?

Questões para reflexão

1. Quais foram os efeitos da doutrina da proteção integral sobre a anterior doutrina da situação irregular?

2. Em sua opinião, quais seriam as consequências se a legislação brasileira reduzisse a idade de imputabilidade penal?

Para saber mais

DEL PRIORI, M. (Org.). **História da criança no Brasil**. 5. ed. São Paulo: Contexto, 1998.

Para o aprofundamento do tema, indicamos a leitura dessa coletânea organizada pela historiadora Mary Del Priori. Na obra, os autores proporcionam uma grande aprofundamento de informações e relatos históricos sobre a condição das crianças na sociedade brasileira.

ARIÈS, P. **História social da criança e da família**. 2. ed. Rio de Janeiro: Guanabara, 1986.

Philippe Ariès foi um importante historiador e medievalista francês da família e infância. Esse livro apresenta um interessante estudo sobre o entendimento da infância como uma construção social desde a Idade Média até a modernidade, quando temos uma reconfiguração da estruturação da família.

HOLANDA, S. B. **Raízes do Brasil**. 26. ed. São Paulo: Companhia das Letras, 1995.

Essa obra, publicada em 1936, versa sobre importantes aspectos da história da cultura brasileira e é considerada um dos mais importantes clássicos da historiografia e da sociologia brasileira.

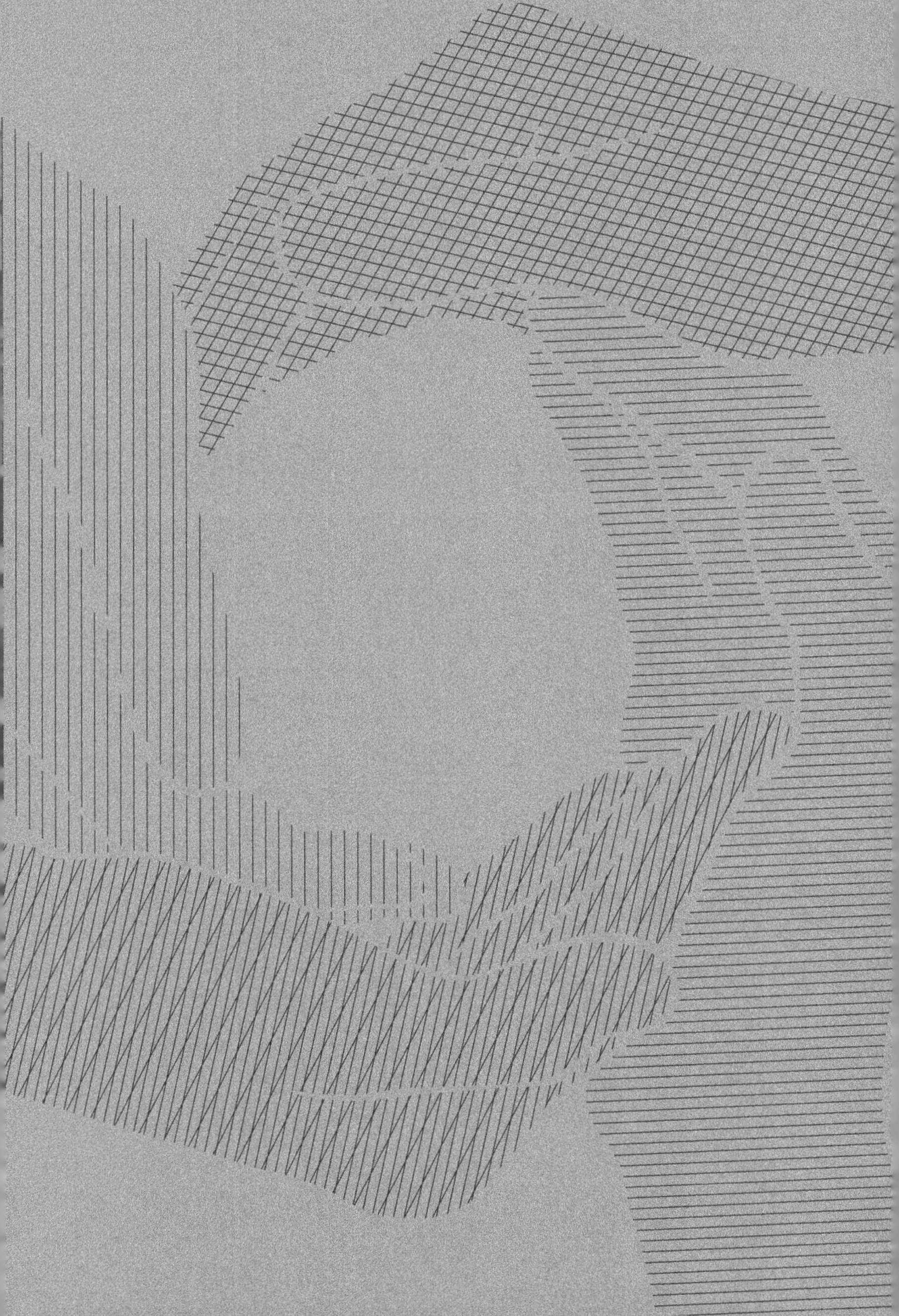

CAPÍTULO 4

Política de atendimento da criança e do adolescente

Conteúdos do capítulo:

- Prioridade da criança e do adolescente na constituição brasileira.
- Atendimento à criança no Brasil.
- Política de proteção integral.
- Efetividade aos direitos da criança e do adolescente.
- Princípios do Estatuto da Criança e do Adolescente.
- Princípio da proteção integral da criança e do adolescente.
- Princípio da dignidade da pessoa humana.
- Princípio do melhor interesse.
- Princípio da convivência familiar.

Após o estudo deste capítulo, você será capaz de:

1. compreender a política dos direitos da criança e do adolescente a partir da Constituição Federal de 1988 e do Estatuto da Criança e do Adolescente no Brasil, os princípios norteadores dessa política e a importância do reconhecimento destes como sujeitos de direitos;
2. ampliar a capacidade de análise e compreensão dos princípios básicos e das diretrizes da política de atenção e atendimento das crianças e dos adolescentes, assim como os paradigmas da proteção integrada e da prioridade absoluta;
3. entender que as crianças e os adolescente são sujeitos de direitos, pessoas em condição especial em desenvolvimento e merecedoras da defesa e da proteção social.

Antes de adentramos no tema específico, traçaremos uma breve análise sobre os princípios constitucionais que tratam da criança e do adolescente e que permeiam seus direitos e sua condição de sujeitos de direitos e de prioridade nas políticas públicas.

4.1 Prioridade da criança e do adolescente na Constituição brasileira

Em 2018, comemoramos 30 anos da promulgação da Constituição de 1988 e temos muito o que comemorar. Ela é um marco importantíssimo na conquista de nossos direitos. No entanto, temos também de fazer um exercício de reflexão e avaliar se realmente avançamos na garantia e na efetivação desses direitos.
Nessa Constituição, consta a mais ampla carta de direitos da história do Brasil, que inclui os direitos políticos, civis, econômicos e sociais, além de um aparato de garantias constitucionais. Veja o que estabelece o art. 5º, parágrafos 1º e 2º:

> Art. 5º Todos são **iguais perante a lei**, sem distinção de qualquer natureza, garantindo-se aos brasileiros e aos estrangeiros residentes no País a inviolabilidade do direito à vida, à liberdade, à igualdade, à segurança e à propriedade, [...]:
>
> § 1º As normas definidoras dos direitos e garantias fundamentais têm aplicação imediata.
>
> § 2º Os direitos e garantias expressos nesta Constituição não excluem outros decorrentes do regime e dos princípios por ela adotados, ou dos tratados internacionais em que a República Federativa do Brasil seja parte. (Brasil, 1988, grifo nosso)

A inviolabilidade à vida, à liberdade, à igualdade e à segurança são pressupostos dos direitos e das garantias fundamentais. Seu objetivo é estabelecer um Estado democrático destinado a assegurar a todos os brasileiros e estrangeiros residentes no país o exercício dos direitos sociais e individuais. Além disso, a Constituição permite que outros direitos decorram do regime e dos princípios por ela adotados, assim como dos tratados internacionais de que o país seja signatário, garantindo, desse modo, uma sociedade mais justa, com maior segurança social e sem preconceitos.

A criança e o adolescente têm *status* de "prioridade e proteção" na Constituição de 1988, definida como *Constituição Cidadã*. A referência da Constituição foi a doutrina da proteção integral advinda da Organização das Nações Unidas – ONU e inserida no art. 227 da Constituição, resultando em avanços significativos na garantia dos direitos da criança e do adolescente, que passam a receber atenção especial e reconhecimento como "sujeitos de direitos".

O Senador Ulysses Guimarães, presidente da Assembleia Nacional Constituinte, afirmou, ao promulgar a Constituição de 1988, que: "A Constituição é, caracteristicamente, o estatuto do Homem, da Liberdade, da Democracia [...]. Tem substâncias popular e cristã o título que a consagra: a Constituição Cidadã!" (Tácito, 2012).

Esses progressos resultam dos avanços obtidos na ordem internacional em favor da infância e da juventude, pois são fruto da Declaração dos Direitos da Criança elaborada pela ONU e adotada pela Assembleia da ONU em 20 de novembro de 1959, tendo sido ratificada pelo Brasil na Convenção sobre os Direitos da Criança em 24 de setembro de 1990 (ONU, 1959).

O art. 227 da Constituição, em seu *caput*, faz referência à doutrina da **proteção integral**:

> É dever da família, da sociedade e do Estado assegurar à criança e ao adolescente, com absoluta prioridade, o direito à vida, à saúde, à alimentação, à educação, ao lazer, à profissionalização, à cultura, à dignidade, ao respeito, à liberdade e à convivência familiar e comunitária, além de colocá-los a salvo de toda forma de negligência, discriminação, exploração, violência, crueldade e opressão. (Brasil, 1988)

Esse artigo possibilita uma grande reflexão quanto às garantias constitucionais relativas à criança e ao adolescente, pois lhes assegura a condição de serem os primeiros nas políticas públicas de atendimento aos direitos, assim como responsabiliza a família, o Estado e a sociedade pela garantia e pela efetivação dos direitos estabelecidos constitucionalmente e nas demais legislações.

Assim, o art. 227 estabelece os direitos fundamentais, devendo, portanto, aquele que pratique qualquer forma de violência – física, psicológica ou sexual –, negligência, discriminação, exploração, crueldade e opressão ser punido na forma da lei. Acreditamos ser imprescindível a adoção de medidas educativas e protetivas, assim como políticas que auxiliem na diminuição da desigualdade e da exclusão social, assegurando o respeito e a efetivação dos direitos já garantidos constitucionalmente.

Embora esteja estabelecida tanto nos princípios constitucionais (art. 227) quanto no ECA (art. 4º), a garantia das **condições mínimas de dignidade** para as crianças e os adolescentes crescerem e se desenvolverem nem sempre alcança todos eles.

Analisando o que são essas condições mínimas de dignidade, deparamo-nos com as desigualdades sociais, que fragilizam essas condições mínimas. O ECA, em seu art. 4º, estabelece:

> Art. 4º É dever da família, da comunidade, da sociedade em geral e do poder público assegurar, com absoluta prioridade, a efetivação dos direitos referentes à vida, à saúde, à alimentação, à educação, ao esporte, ao lazer, à profissionalização, à cultura, à dignidade, ao respeito, à liberdade e à convivência familiar e comunitária. (Brasil, 1990b)

Além de prever direitos e obrigações, o ECA ressalta o dever da efetivação desses direitos, ou seja, não adianta estar na lei a garantia se não houver a gestão política em sua implantação e sua efetivação, bem como a elaboração de estratégias de monitoramento, fiscalização e, além disso, um olhar mais efetivo para as realidades de cada ente federativo, com suas peculiaridades e necessidades.

Cabe ao Estado, no cumprimento de suas obrigações, garantir as condições mínimas para que a família exerça suas funções e responsabilidades, bem como, por meio da legislação infraconstitucional, a regulamentação, a implementação e a efetivação de políticas públicas, conforme determina o art. 226, parágrafo 8º, da Constituição: "A família, base da sociedade, tem especial proteção do Estado. [...] § 8º O Estado assegurará a assistência à família na pessoa de cada um dos que a integram, criando mecanismos para coibir a violência no âmbito de suas relações" (Brasil, 1988).

Outro dispositivo fundamental é o art. 229: "Os pais têm o dever de assistir, criar e educar os filhos menores, e os filhos maiores têm o dever de ajudar e amparar os pais na velhice, carência ou enfermidade" (Brasil, 1988), ou seja, é obrigação dos pais o cuidado com os filhos, muito embora tenhamos visto esse dever ser relegado a terceiros, principalmente com relação à educação. Muitos delegam à escola o papel de educar seus filhos, como se a educação fosse apenas formal, e não obrigação também, e principalmente, da família.

Assim, entre outras legislações, temos a edição da Lei n. 8.069, de 13 de julho de 1990, o ECA, como um instrumento de proteção e delimitação dos direitos e dos deveres dessa população (Brasil, 1990b). Esse documento é formado por um conjunto de leis, promulgado dois anos após a Constituição Federal e que teve como base as diretrizes da política da criança e do adolescente previstas na Constituição e em normativas internacionais, como as propostas pela ONU, entre elas a Declaração dos Direitos da Criança e do Adolescente, objetivando a garantia dos direitos das crianças e dos adolescentes no Brasil.

4.2 Atendimento à criança no Brasil

Com a Constituição Federal de 1988, o atendimento a crianças e adolescentes no Brasil apresenta novas configurações e novos fundamentos legais. Essa mudança ocorre também com a edição do ECA, que regulamenta o dispositivo constitucional (art. 227) e prevê não só a política de atendimento à criança e ao adolescente, mas também a punição para os crimes, seja por ato comissivo, seja por ato omissivo, contra essa população e o descumprimento dos direitos fundamentais assegurados.

A adoção da doutrina da proteção integral pela Constituição e pelo ECA transforma a forma como crianças e adolescente são tratados. Eles deixam de ser apenas objeto de intervenção estatal, como observávamos nos antigos Código de Menores de 1927 e de 1979, que estabeleciam a doutrina da situação irregular e cuja concepção de criança e adolescente era "menor abandonado" e "delinquente", passando ao *status* de **sujeitos de direitos**.

4.2.1 Política de proteção integral

De acordo com o art. 1º do ECA, a criança e o adolescente são detentores do direito da proteção integral, o que os transforma em sujeitos de direitos, gozando, portanto, de todos os direitos fundamentais e inerentes à pessoa em desenvolvimento (Brasil, 1990b).

De acordo com Cury, Garrido e Marçura (2002, p. 21), a proteção integral tem como fundamento

> a concepção de que crianças e adolescentes são sujeitos de direitos, frente à família, à sociedade e ao Estado. Rompe com a ideia de que sejam simples objetos de intervenção no mundo adulto, colocando-os como titulares de direitos comuns a toda e qualquer pessoa, bem como de direitos especiais decorrentes da condição peculiar de pessoas em processo de desenvolvimento.

A concepção de que crianças e adolescentes são sujeitos de direitos diz respeito a cidadãos que devem ser protegidos, que ainda não têm idade, maturidade e capacidade para que, sozinhos, exerçam ou exijam seus direitos, necessitando, assim, da proteção de um adulto, que propicia o acesso à proteção especial ao ser em desenvolvimento.

No art. 2º, o ECA estabelece: "Considera-se criança, para os efeitos desta Lei, a pessoa até doze anos de idade incompletos, e adolescente aquela entre doze e dezoito anos de idade" (Brasil, 1990b), definindo quem são os sujeitos de direitos e detentores da proteção integral, independentemente de qualquer circunstância em que se encontre, seja em situação de abandono, seja em situação de risco, seja em situação de vulnerabilidade, mesmo sendo autor de ato infracional, pois é normatizado o direito da criança e do adolescente sem discriminá-los ou qualificá-lo.

A Organização Mundial da Saúde – OMS define a adolescência com início aos 10 anos e término aos 19 anos. Outra legislação que especifica essa fase da vida é o Decreto n. 99.710/1990, citando os direitos da criança em seu art. 1º (Brasil, 1990a).

Podemos observar que a idade é o que define o conceito infantojuvenil, o que é ser criança ou adolescente, nas diversas legislações em vigor no país. O mais importante, porém, é ter claro que se trata de indivíduos que estão em desenvolvimento e são sujeitos que devem receber cuidados especiais e proteção.

O ECA concede à criança e ao adolescente, sem distinção de qualquer espécie, uma série de direitos especiais, por reconhecer sua peculiar condição de **pessoa em desenvolvimento**, entendendo que todas são merecedoras de direitos especiais e, em razão de sua condição específica, "estão a necessitar de uma proteção especializada, diferenciada e integral" (Veronese; Rossato; Lepole, 2015, p. 33). Reafirma, em seu art. 3º e parágrafo único, que:

> Art. 3º A criança e o adolescente gozam de todos os direitos fundamentais inerentes à pessoa humana, sendo obrigação do Estado assegurar facilidades e oportunidades para que toda criança e adolescente tenham desenvolvimento físico, mental, moral, espiritual e social, em condições de liberdade e de dignidade.

> Parágrafo único. Os direitos enunciados nesta Lei aplicam-se a todas as crianças e adolescentes, sem discriminação de nascimento, situação familiar, idade, sexo, raça, etnia ou cor, religião ou crença, deficiência, condição pessoal de desenvolvimento e aprendizagem, condição econômica, ambiente social, região e local de moradia ou outra condição que diferencie as pessoas, as famílias ou a comunidade em que vivem. (Brasil, 1990b)

Embora no plano legal haja previsão de que a criança e o adolescente sejam protegidos de qualquer forma de preconceito (etnia, local de moradia, classe social, entre outros), na prática, isso é difícil de garantir. Há muitos fatores desencadeadores de situações de risco e vulnerabilidade que os colocam, ainda, em situações de violência e de exclusão.

Sendo sujeitos de direitos, a criança e o adolescente gozam de todos os direitos fundamentais inerentes à pessoa humana e mais, em virtude da peculiaridade de indivíduo em processo de desenvolvimento físico, metal, social, moral e espiritual, requerendo, assim, um novo olhar para o processo de elaboração e implementação de ações e atendimento a essa população, que necessita de **atenção e gestão intersetorial** das políticas públicas.

Sobre a gestão intersetorial, Junqueira (2004, p. 27) informa que:

> A gestão intersetorial surge como uma nova possibilidade para resolver esses problemas que incidem sobre uma população que ocupa determinado território. Essa é uma perspectiva importante porque aponta uma visão integrada dos problemas sociais e de suas soluções. A intersetorialidade constitui uma concepção que deve informar uma nova maneira de planejar, executar e controlar a prestação de serviços para garantir o acesso igual dos desiguais. Isso significa alterar toda a forma de articulação dos diversos segmentos da organização governamental e dos seus interesses.

Assim, pensar em atenção e gestão intersetorial significa ter a compreensão de que os problemas que afetam crianças, adolescentes, famílias e populações requerem uma visão dos problemas sociais de forma integrada e multifatorial, bem como a construção de respostas por um processo de articulação com as demais políticas públicas.

Para Comerlatto et al. (2007, p. 270): "A intersetorialidade deve representar um espaço de compartilhamento de saber e de poder, de estruturação de novas linguagens, de novas práticas e de novos conceitos e que, atualmente, não se encontram estabelecidos ou suficientemente experimentados em meio aos conselhos municipais gestores".

Para que os direitos fundamentais das crianças e dos adolescentes sejam implementados, efetivados e resultem em garantia de igualdade de acesso, é fundamental esse olhar **intersetorial**, pois, apesar dos 28 anos do ECA, ainda não temos garantidos a proteção, os cuidados e a prioridade absoluta, ou seja, o olhar para esses sujeitos de direitos como pessoas em condição especial de desenvolvimento e dignas de receber a proteção integral.

Garantir absoluta prioridade a essa população não é obrigação só da família, mas também do Poder Público. Para que o Poder Público, em todas suas instâncias, possa atendê-la com prioridade absoluta e efetivar seus direitos estabelecidos pela Constituição e pelo ECA, é necessário que, em conjunto com a sociedade e a família, seja responsável por garantir, em todas as instâncias de participação, a efetiva defesa dos direitos e a implantação de políticas públicas que garantam o acesso universal e igualitário de todas as crianças e adolescentes, assim como que todas tenham proteção contra discriminação, vitimização física, moral e psicológica, assédio ou violência sexual e exploração do trabalho infantil, entre outras formas de violação de seus direitos.

Portanto, a garantia da prioridade traz a primazia de receber socorro, atenção e proteção antes de qualquer outra pessoa, precedência no atendimento em serviços públicos e, ainda, preferência quando da formulação de políticas públicas (deve-se priorizar a destinação de recursos à formulação e à implementação dessas políticas).

Vamos estabelecer melhor alguns pontos a respeito da **garantia de prioridade** a essa população:

- A **primazia** significa que a criança e o adolescente serão sempre os primeiros a receber atendimento, proteção e socorro em quaisquer circunstâncias (situação de risco ou perigo eminente, calamidade pública, acidente ou catástrofe etc.).
- A **precedência** de atendimento nos serviços públicos ou de relevância pública é estabelecida de modo que os serviços destinados a atender essa população sejam adequados a dar a ela prioridade absoluta, tendo caráter prioritário e diferenciado de atendimento em relação a uma pessoa adulta, considerando ainda a condição de pessoa em processo de desenvolvimento.
- A **preferência** na formulação e na execução das políticas sociais públicas evidencia a proteção integral e prioritária. Quando da formulação de políticas públicas, em especial as sociais básicas, é preciso observar a garantia da plena efetivação dos direitos da criança e do adolescente assegurados por lei, dando prioridade aos cuidados a essa população e não bastando apenas a formulação das políticas, mas sua implementação e execução com qualidade e garantia de acesso.
- A **destinação privilegiada** de recursos públicos nas áreas relacionadas com a proteção à infância e à juventude significa que, enquanto as demandas da criança e do adolescente não forem atendidas, tais como creche ou unidades de saúde, o Poder Público não pode aplicar recursos, por exemplo, em um teatro. É necessário estabelecer a previsão dos recursos indispensáveis à implementação de políticas sociais básicas, tais como a criação, a manutenção ou a implementação da rede socioassistencial e de proteção às crianças e aos adolescentes.

Primazia, precedência, preferência e *privilégio* são termos que utilizamos para definir a garantia da prioridade da criança e do adolescente perante as políticas públicas. Essa ideia deve nortear todo o planejamento, a organização e a implantação das políticas a esse público-alvo merecedor de toda nossa atenção.

4.2.2 Efetividade aos direitos da criança e do adolescente

Para efetivar as políticas públicas que atendam aos direitos da criança e do adolescente, é necessário que cada ente federativo conheça a realidade no território de seu município e tenha clara sua responsabilidade quanto à municipalização do atendimento, inclusive aos autores de ato infracional, pois, assim, a doutrina da proteção integral estabelecida nessa nova configuração das políticas voltadas à criança e ao adolescente estará sendo cumprida.

Os direitos da criança e do adolescente deverão considerar o disposto no art. 204 da Constituição, que estabelece:

> Art. 4º As ações governamentais na área da assistência social serão realizadas com recursos do orçamento da seguridade social, previstos no art. 195, além de outras fontes, e organizadas com base nas seguintes diretrizes:
>
> I – descentralização político-administrativa, cabendo a coordenação e as normas gerais à esfera federal e a coordenação e a execução dos respectivos programas às esferas estadual e municipal, bem como as entidades beneficentes e de assistência social;
>
> II – participação da população, por meio de organizações representativas, na formulação das políticas e no controle das ações em todos os níveis. (Brasil, 1988)

Portanto, cabe às três esferas governamentais as ações de assistência social, sendo de responsabilidade da União (esfera federal) a coordenação e as normas gerais, e das esferas estadual e municipal, a coordenação e a execução dos respectivos programas, além das entidades beneficentes e de assistência social.

O art. 1º da Constituição estabelece: "A República Federativa do Brasil, formada pela união indissolúvel dos Estados e Municípios e do Distrito Federal, constitui-se em Estado Democrático de Direito" (Brasil, 1988). A discussão sobre o termo *descentralização* não é recente e remonta a muitas décadas, por isso há um

leque grande de concepções e entendimentos. Utilizaremos o que consideramos mais adequado para nossa discussão.
Para Binotto et al. (2010, p. 190), de modo geral, *descentralização* é "a transferência de competências do governo central para as instâncias locais, podendo haver transferência de poder e recursos financeiros, com o objetivo de reduzir o tamanho da estrutura administrativa, o que agiliza a gestão de políticas públicas e aproxima o Estado da sociedade".
Conforme Guinmarães (2002, p. 2):

> É possível também identificar que esta discussão sobre a descentralização fundamenta-se em dois planos: um jurídico e um político-institucional. No plano jurídico, a descentralização é concebida como um processo de transferência de competências e de poderes entre órgãos, ou dentro de um mesmo órgão, enquanto sujeitos de imputação jurídica, vinculada à ideia de desconcentração, ou delegação de funções. De outro modo, a descentralização é concebida como ruptura de um vínculo hierárquico preexistente e relaciona-se basicamente à ideia de competências exclusivas. Nesse caso, descentralização implica a ausência de intervenção de qualquer outro órgão ou instância.

Para nossa discussão, ambas as concepções nos interessam, pois a descentralização no plano jurídico, ou seja, aquela concebida como um processo de transferência de competências e de poderes entre os órgãos, é o que ocorre nas políticas públicas brasileiras, entre elas a da criança e do adolescente, usada como mecanismo de delegação ou transferência de responsabilidade de sua gestão e execução – as decisões são transferidas da União para os entes federativos, como estados e municípios, ou, ainda, dos órgãos públicos às organizações do terceiro setor por meio de convênios ou termos de fomento.

> A descentralização adquiriu um ar de modernidade e recentemente constituiu palavra de ordem no mundo político e administrativo, especialmente no Brasil, a partir do processo constituinte de 1987. Dentre os princípios enumerados pela nova Constituição de 1988, o da descentralização política administrativa demarca uma nova ordem política na sociedade, a partir do momento que à sociedade é garantido o direito de formular e controlar políticas, provocando

um redirecionamento nas tradicionais relações entre Estado e sociedade. (Stein, 1997, p. 75)

Dessa forma, o Poder Público, diante dos limites impostos por leis de responsabilidade fiscal, consegue ampliar suas ações nas políticas públicas, principalmente nas da saúde, da educação e da assistência social, para que sejam executadas com eficiência, eficácia e efetividade, pois a transferência da execução não desresponsabiliza o Poder Público de seu monitoramento e sua fiscalização. De qualquer forma, mesmo contando com essa ampliação, ainda há muito o que caminhar para que realmente haja efetividade das políticas voltadas às crianças e aos adolescentes.

Outro aspecto não menos importante refere-se à municipalização das políticas de atendimento às crianças e aos adolescentes, conforme estabelecido no art. 88, inciso I, do ECA: "São diretrizes da política de atendimento: I – municipalização do atendimento" (Brasil, 1990b).

A municipalização das políticas de atenção e atendimento à criança e ao adolescente, inclusive do adolescente ator de ato infracional, constitui a base de sustentação da nova orientação da política estabelecida pela doutrina de proteção integral, devendo o município assumir sua realização, estabelecendo prioridades em razão de diagnóstico da situação; definição dos programas de atendimento que precisem ser criados, implementados ou ampliados para a realidade local; e estrutura da política, cabendo aos estados e à União a definição das normativas de ordem geral, assim como o suporte técnico e financeiro necessários à implantação e à efetivação.

Portanto, com a municipalização, o município deve assumir sua responsabilidade no estabelecimento de uma política de atendimento por meio de estudos e planejamentos articulados com o sistema de garantias e, entre os diversos setores do Poder Público local, no aporte de recursos próprios, que devem estar disponíveis no orçamento municipal, observando o princípio da prioridade com relação às demais áreas e políticas públicas.

A municipalização decorre do fato de que a criança e o adolescente devem receber apoio, orientação e tratamento em sua comunidade de origem, ou seja, próximo e em conjunto com sua família, sendo, portanto, o município o ente federativo que reúne as melhores condições de avaliar as prioridades, as deficiências e a ineficácia das políticas direcionadas à população infantojuvenil, objetivando, assim, o fortalecimento dos vínculos familiares e comunitários.

4.3 A criança, o adolescente e os princípios do Estatuto da Criança e do Adolescente

No Estatuto da Criança e do Adolescente – ECA, foram estabelecidos alguns princípios que dão sustentação à política de atendimento a crianças e adolescentes: da proteção integral; da dignidade da pessoa humana; do melhor interesse; da convivência familiar; da prioridade absoluta; e da municipalização. Como alguns deles já foram tratados anteriormente, vamos agora nos concentrar nos quatro primeiros mencionados.

4.3.1 Proteção integral

Quanto ao princípio da proteção integral da criança e do adolescente, Cury, Garrido e Marçura (2002, p. 21) ensinam que: "A proteção integral tem como fundamento a concepção de que crianças e adolescentes são sujeitos de direitos, frente à família, à sociedade e ao Estado". Ainda, a proteção integral "tem como fundamento a concepção de que crianças e adolescentes são sujeitos de direitos, frente à família, à sociedade e ao Estado [...], bem como de direitos especiais decorrentes da condição peculiar de pessoas em processo de desenvolvimento" (Cury; Garrido; Marçura, 2002, p. 21).

Ao compreendermos que as crianças e os adolescentes são sujeitos de direitos e, assim, detentores de direitos fundamentais, devemos romper com a visão da doutrina da situação irregular até então predominante para a doutrina da proteção integral.

É preciso compreender que essa nova concepção amplia nossa responsabilidade como cidadãos, família e Estado, principalmente com relação aos direitos como pessoa em condição peculiar em desenvolvimento, não tendo capacidade plena de, por si só, exercer seus direitos.

4.3.2 Dignidade da pessoa humana

Como um dos princípios fundamentais e norteadores da política de atendimento e proteção, para o entendermos, precisamos ter claro o que significa *dignidade da pessoa humana*. Segundo Barroso (2014, p. 112), para finalidades jurídicas:

> a dignidade humana pode ser dividida em três componentes: valor intrínseco, que se refere ao status especial do ser humano no mundo; autonomia, que expressa o direito de cada pessoa, como um ser moral e como um indivíduo livre e igual, tomar decisões e perseguir o seu próprio ideal de vida boa; e valor comunitário, convencionalmente definido como a interferência social e estatal legítima na determinação dos limites da autonomia pessoal.

Para Motta (2013, p. 1):

> Dignidade é uma palavra que possui diversos significados, mas normalmente correlata a "merecimento ético", em razão de um status social ou de condutas baseadas na honestidade e honradez. É uma atribuição outorgada a quem seja "merecedor".
>
> Pessoa humana é uma identificação jurídica baseada em critérios biológicos e filosóficos, diferenciando os Homens dos demais seres vivos, de máquinas e objetos inanimados. Taxonomicamente "humano" é o homo sapiens ("homem sábio").

Assim, a dignidade humana tem diversos significados e, como direito constitucional, deve ser inviolável e protegida pelo Estado, portanto, inerente ao cidadão como valor supremo, embora não absoluto.

Portanto, *digno* significa ser merecedor, não porque tenha agido corretamente, mas como um direito fundamental, por se tratar de um ser humano. No caso da criança e do adolescente, a condição é de **desenvolvimento humano** e, para que esse desenvolvimento aconteça de forma correta e saudável, é preciso que eles tenham seus direitos como pessoa humana garantidos e mantidos pelas legislações, não como normas apenas, mas como políticas efetivamente implementadas e de acesso garantido.

4.3.3 Melhor interesse

Esse princípio tornou-se fundamental para a orientação tanto do legislador quanto do Ministério Público quando da aplicação das normas legais, pois deverá prevalecer sempre o melhor interesse para a criança e o adolescente. Assim como o princípio da prioridade absoluta, o do melhor interesse também deve garantir que, sempre que estiver em análise qualquer direito relacionado à criança e ao adolescente, a decisão seja sempre levando em conta o atendimento do interesse deles.

4.3.4 Convivência familiar

Com relação ao princípio da convivência familiar, consta no art. 19 do ECA: "É direito da criança e do adolescente ser criado e educado no seio de sua família e, excepcionalmente, em família substituta, assegurada a convivência familiar e comunitária, em ambiente que garanta seu desenvolvimento integral" (Brasil, 1990b). Com isso, busca-se assegurar o convívio familiar, seja na família natural, seja na família extensa da criança e do adolescente, visando a um **desenvolvimento saudável** e harmonioso.

Para tanto, é necessário disponibilizar programas e/ou benefícios socioassistenciais, estabelecido pelas políticas públicas, fundamentados nesse princípio, tendo em vista ser a família considerada a base fundamental para o desenvolvimento e a formação de crianças e adolescentes.

É importante destacar que "a falta ou carência ou carência de recursos materiais não constitui motivo suficiente para a perda ou a suspensão do pátrio poder", conforme art. 23 do ECA, e ainda que "não existindo outro motivo que por si só autorize a decretação da medida a criança ou o adolescente será mantido em sua família de origem, a qual obrigatoriamente será incluída em programas oficiais de auxílio" (Brasil, 1990b).

Assim, os princípios são norteadores, dão sustentação à política de proteção e defesa dos direitos da criança e do adolescente, possibilitando que sejam de fato sujeitos de direitos.

Síntese

Neste capítulo, evidenciamos que é preciso ter clareza de que, com a Constituição Federal de 1988, temos inaugurada uma nova ordem jurídica relativa aos direitos de crianças e adolescentes. Por meio de seus princípios e postulados, há um novo olhar quanto aos direitos e às garantidas da população infantojuvenil. Uma das conquistas mais importantes nesse sentido foi a promulgação do ECA. Diante desse cenário, foram estabelecidos princípios que deram sustentação à política de atendimento a crianças e adolescentes.

Um aspecto que mereceu destaque com relação ao tema foi a garantia da prioridade absoluta assegurada pelo ECA à criança e ao adolescente, dando a eles a primazia em receber proteção e cuidados, assim como a precedência no atendimento e a preferência quando da formulação, implementação ou execução das políticas públicas e de seu financiamento.

Sobre o princípio da convivência familiar, que traz um novo olhar com relação à não institucionalização da criança e do adolescente, priorizando que permaneçam no contexto de sua família natural ou extensa, a fim de garantir a convivência familiar e comunitária, ressaltamos que seu objetivo é proporcionar às crianças e aos adolescentes o direito de serem criados por seu grupo familiar e em sua realidade comunitária, o que julgamos tão importante como qualquer outro direito garantido em lei, pois é no seio familiar que se constroem o sentimento de pertencimento e o afeto, fortalecendo o vínculo familiar.

Portanto, a política dos direitos da criança e do adolescente só não conseguirá atender todos seus signatários se não ocorrer a participação da família e da sociedade em sua construção e se não houve vontade política para que esse direito seja efetivado e garantido a seus sujeitos de direitos.

Questões para revisão

1. Assinale a alternativa **incorreta**.
    a) A entidade de acolhimento institucional, para funcionar, deve estar registrada no Conselho Municipal dos Direitos da Criança e do Adolescente – CMDCA.
    b) Todos os municípios devem ter, no mínimo, um Conselho Tutelar.
    c) O adolescente menor de 16 anos poderá trabalhar em qualquer empresa, desde que tenha registro em carteira profissional.
    d) Quando uma criança ou um adolescente estiver internado, o hospital deve permitir e garantir a permanência de um dos pais ou responsáveis.

2. Sobre os direitos da criança e do adolescente, assinale a alternativa correta:
    a) Quando encontramos uma criança vagando na rua, devemos chamar a Polícia Militar.

b) Se um profissional de saúde constata que uma criança tem marcas nas costas e nos braços e suspeita que ocorreram por violência doméstica, ele deve denunciar ao CMDCA.

c) O princípio da convivência familiar, que traz um novo olhar com relação à não institucionalização da criança e do adolescente, prioriza que permaneçam no contexto de sua família natural ou extensa.

d) A garantia da prioridade absoluta assegurada pelo ECA a crianças e adolescentes não lhes dá a primazia em receber proteção e cuidados.

3. Quais são os direitos fundamentais estabelecidos pelo ECA?

4. De acordo com o ECA, quem é considerado criança?
   a) Todos com idades entre 0 e 16 anos.
   b) A pessoa que tem idade entre 0 e 12 anos incompletos.
   c) A pessoa com idade entre 12 e 16 anos incompletos.
   d) O maior de 12 anos e menor de 21 anos.

5. A respeito do princípio da dignidade humana, o que significa "ser digno"?

Questões para reflexão

1. O que podemos entender por *gestão intersetorial*?

2. O que significa e qual a importância do princípio da absoluta prioridade?

Para saber mais

DIGIÁCOMO, M. J.; DIGIÁCOMO, I. A. **Estatuto da criança e do adolescente anotado e interpretado**. 7. ed. Curitiba: Ministério Público do Estado do Paraná/Centro de Apoio Operacional das Promotorias da Criança e do Adolescente, 2017.

A obra traz as mais recentes alterações promovidas no ECA, assim como notas e julgados adicionais, o que proporciona maior entendimento da política dos direitos da criança e do adolescente.

MIYAHARA, P.; FERRARI, D. C. de A.; SANCHES, C. (Org.). **A violação de direitos de crianças e adolescentes**. São Paulo: Summus, 2014.

Esse livro comemora os 20 anos do Centro de Referência às Vítimas de Violência do Instituto Sedes Sapientiae, trazendo importantes contribuições ao debate nessa área. Os textos retratam de forma vívida as conquistas e os desafios daqueles que lutam pelo direito que crianças e adolescentes têm de crescer e viver em um ambiente seguro e acolhedor.

CAPÍTULO 5

Sistema de Garantia dos Direitos da Criança e do Adolescente

Conteúdos do capítulo:

- Sistema de Garantia dos Direitos da Criança e do Adolescente.
- Conselho Municipal dos Direitos da Criança e do Adolescente: composição e atribuições.

Após o estudo deste capítulo, você será capaz de:

1. compreender o que é e como se constrói o Sistema de Garantia dos Direitos da Criança e do Adolescente;
2. entender a política de atendimento da criança e do adolescente e a importância dos princípios e das diretrizes que direcionam sua construção e execução;
3. participar dos espaços de elaboração, construção e execução das políticas públicas e compreender a necessidade da intersetorialidade e do trabalho em rede.

5.1 Objetivos do Estatuto da Criança e do Adolescente

Podemos verificar que o Estatuto da Criança e do Adolescente – ECA tem como objetivo regulamentar não só a doutrina da proteção integral, mas também a da prioridade absoluta, além de implantar o Sistema de Garantia dos Direitos da Criança e do Adolescente – SGDCA.

Como ressaltamos em capítulos anteriores, tanto a atenção como o tratamento prioritário não podem ser atribuídos apenas à família, sendo de responsabilidade também da sociedade e do Estado. Vimos que uma das principais diretrizes é a municipalização e a descentralização político-administrativa, com a intersetorialidade das políticas, assim como a cooperação e a definição das funções e das competências de cada ente federativo e das respectivas organizações parceiras.

Com vistas a estabelecer os parâmetros para a institucionalização e o fortalecimento do SGDCA, foi aprovada a Resolução n. 113, de 19 de abril de 2006 (Brasil, 2006b), em cumprimento ao disciplinado pela Constituição e pelo Estatuto da Criança e do Adolescente – ECA.

A Constituição prevê os deveres da família, da sociedade e do Estado:

> Art. 195. A seguridade social será financiada por toda a sociedade, de forma direta e indireta, nos termos da lei, mediante recursos provenientes dos orçamentos da União, dos Estados, do Distrito Federal e dos Municípios.
>
> [...]
>
> Art. 227. É dever da família, da sociedade e do Estado assegurar à criança e ao adolescente, com absoluta prioridade, o direito à vida, à saúde, à alimentação, à educação, ao lazer, à profissionalização, à cultura, à dignidade, ao respeito, à liberdade e à convivência familiar e comunitária, além de colocá-los a salvo de toda forma de negligência, discriminação, exploração, violência, crueldade e opressão.

[...]

§ 7° No atendimento dos direitos da criança e do adolescente levar-se-á em consideração o disposto no art. 204.

[...]

Art. 204. As ações governamentais na área da assistência social serão realizadas com recursos do orçamento da seguridade social, previstos no art. 195, além de outras fontes, e organizadas com base nas seguintes diretrizes:

I – descentralização político-administrativa, cabendo a coordenação e as normas gerais à esfera federal e a coordenação e a execução dos respectivos programas às esferas estadual e municipal, bem como a entidades beneficentes e de assistência social;

II – participação da população, por meio de organizações representativas, na formulação das políticas e no controle das ações em todos os níveis. (Brasil, 1988)

Institucionalizando o SGDCA, regulamentam-se as formas de participação de todos em assegurar à criança e ao adolescente, com absoluta prioridade, os direitos preconizados pelo art. 227 do ECA. Para isso, é necessária a participação de todos como atores desse sistema por meio de uma ação intersetorial e em rede socioassistencial na implantação e na implementação de tais políticas.

5.2 Diretrizes da política de atendimento

Vamos analisar alguns artigos do ECA para melhor esclarecer seus princípios e postulados:

Art. 88. São diretrizes da política de atendimento:

[...]

II – criação de conselhos municipais, estaduais e nacional dos direitos da criança e do adolescente, órgãos deliberativos e controladores das ações em todos os níveis, assegurada a participação popular paritária por meio de organizações representativas, segundo leis federal, estaduais e municipais;

III – criação e manutenção de programas específicos, observada a descentralização político-administrativa; [...] (Brasil, 1990b)

A criação dos conselhos dos direitos como órgãos deliberativos e controladores das ações nas três esferas de governo, além de ser um mecanismo de ordem jurídica, trouxe uma importante inovação, que é a participação da população, por intermédio de organizações representativas, no controle social, de forma participativa e permanente nas discussões, proposições e deliberações sobre tudo o que diz respeito à política na área da criança e do adolescente.

Outro aspecto relevante é com relação ao inciso II, que prevê a criação e a manutenção dos programas, visando corrigir as possíveis falhas ou ausência de ações no atendimento dos direitos da criança e do adolescente, especificamente no âmbito das políticas públicas. É indicado, ainda, que tanto cidadãos quanto conselheiros tutelares, autoridades judiciais ou mesmo entidades representativas podem requerer do Poder Público a manutenção de programas e ações, sempre que necessário.

É importante ressaltar que, de acordo com o art. 90, as entidades de atendimento são responsáveis pela manutenção das próprias unidades, seja com recursos próprios, seja por regime jurídico de parcerias entre a Administração Pública e as organizações da sociedade civil – conforme preconiza a Lei n. 13.019, de 31 de julho de 2014, que estabelece o regime jurídico das parcerias entre a Administração Pública e as organizações da sociedade civil, em regime de mútua cooperação, para a consecução de finalidades de interesse público e recíproco, mediante assinatura de termos de fomento ou de acordos de cooperação, além de definir diretrizes para a política de fomento, de colaboração e de cooperação com organizações da sociedade civil (Brasil, 2014).

As entidades são responsáveis pelo planejamento e pela execução de programas de proteção e socioeducativos destinados a crianças e adolescentes, conforme o art. 90:

> Art. 90. As entidades de atendimento são responsáveis pela manutenção das próprias unidades, assim como pelo planejamento e execução de programas de proteção e socioeducativos destinados a crianças e adolescentes, em regime de:
>
> I – orientação e apoio sociofamiliar;
>
> II – apoio socioeducativo em meio aberto;
>
> III – colocação familiar;
>
> IV – acolhimento institucional;
>
> V – prestação de serviços à comunidade;
>
> VI – liberdade assistida;
>
> VII – semiliberdade; e
>
> VIII – internação. (Brasil, 1990b)

Assim, em se tratando de programas socioeducativos e destinados a adolescentes autores de ato infracional (medidas elencadas nos incisos I, V, VI, VII e VIII), devem ser observados outros aspectos legais, como o Sistema Nacional de Atendimento Socioeducativo – SINASE, instituído pela Lei n. 12.594, de 18 de janeiro de 2012, que determina que estados e o Distrito Federal inscreverão seus programas de atendimento e alterações no conselho estadual ou distrital dos direitos da criança e do adolescente; e os municípios, no Conselho Municipal dos Direitos da Criança e do Adolescente – CMDCA (Brasill, 2012).

Outro aspecto a ser observado é o disposto no parágrafo 1º do art. 90 combinado com art. 91 do ECA, pois as entidades que desenvolvem programas de atendimento a crianças e adolescentes têm a obrigação legal de registrar suas instituições e inscrever seus programas no CMDCA em seu município de abrangência, que terá o dever também de comunicar às autoridades judiciais e ao Conselho Tutelar do município.

> Art. 90. [...]
>
> § 1º As entidades governamentais e não governamentais deverão proceder à inscrição de seus programas, especificando os regimes de atendimento, na forma definida neste artigo, no Conselho Municipal dos Direitos da Criança e do Adolescente, o qual manterá registro das inscrições e de suas alterações, do que fará comunicação ao Conselho Tutelar e à autoridade judiciária.
>
> Art. 91. As entidades não governamentais somente poderão funcionar depois de registradas no Conselho Municipal dos Direitos da Criança e do Adolescente, o qual comunicará o registro ao Conselho Tutelar e à autoridade judiciária da respectiva localidade. (Brasil, 1990b)

Com relação ao Conselho Tutelar, prescreve o art. 139, parágrafos 1º e 2º, que o processo para a escolha dos membros será estabelecido em lei municipal de acordo com as respectivas características do município. O processo eletivo deve ser realizado sob a responsabilidade do conselho de direitos, e a fiscalização do referido processo será feita pelo Ministério Público.

O Conselho Tutelar deve ser composto de cinco membros titulares e cinco suplentes. O processo eletivo será baseado em sufrágio universal, ou seja, todos os eleitores em dia com as obrigações eleitorais poderão participar e votar em até cinco candidatos, cujo mandato será de quatro anos, podendo concorrer a novo mandato em novo processo eletivo e cuja posse será sempre no dia 10 de janeiro do ano subsequente ao do processo eletivo (Brasil, 1990b)

> Art. 139. O processo para a escolha dos membros do Conselho Tutelar será estabelecido em lei municipal e realizado sob a responsabilidade do Conselho Municipal dos Direitos da Criança e do Adolescente, e a fiscalização do Ministério Público.
>
> § 1º O processo de escolha dos membros do Conselho Tutelar ocorrerá em data unificada em todo o território nacional a cada 4 (quatro) anos, no primeiro domingo do mês de outubro do ano subsequente ao da eleição presidencial.
>
> § 2º A posse dos conselheiros tutelares ocorrerá no dia 10 de janeiro do ano subsequente ao processo de escolha. (Brasil, 1990b)

Podemos verificar que os artigos do ECA que subsidiarão a resolução que institucionaliza o SGDCA normatizam e estabelecem diretrizes da política de atendimento, assim como que as entidades de atendimento são responsáveis pela manutenção das próprias unidades e que tanto as entidades governamentais quanto as não governamentais deverão proceder à inscrição de seus programas no CMDCA – na falta dos conselhos municipais, os registros e as inscrições serão efetuados perante a autoridade judiciária da comarca a que pertencer a entidade.

De acordo com o art. 260 do ECA:

> Art. 260. Os contribuintes poderão efetuar doações aos Fundos dos Direitos da Criança e do Adolescente nacional, distrital, estaduais ou municipais, devidamente comprovadas, sendo essas integralmente deduzidas do imposto de renda, obedecidos os seguintes limites:
>
> I – 1% (um por cento) do imposto sobre a renda devido apurado pelas pessoas jurídicas tributadas com base no lucro real; e
>
> II – 6% (seis por cento) do imposto sobre a renda apurado pelas pessoas físicas na Declaração de Ajuste Anual, observado o disposto no art. 22 da Lei nº 9.532, de 10 de dezembro de 1997. (Brasil, 1990b)

O art. 22 da Lei n. 9.532, de 10 de dezembro de 1997, estabelece que "a soma das deduções a que se referem os incisos I a III do art. 12 da Lei nº 9.250, de 1995, fica limitada a seis por cento do valor do imposto devido, não sendo aplicáveis limites específicos a quaisquer dessas deduções" (Brasil, 1997). O determinado pelo art. 12 da mencionada Lei n. 9.250/1995 regulamenta as doações feitas aos fundos controladas tanto pelos conselhos municipais, estaduais e nacional dos direitos da criança e do adolescente quanto do idoso, assim como para projetos culturais e de incentivos às atividades audiovisuais:

> Art. 12. Do imposto apurado na forma do artigo anterior, poderão ser deduzidos:
>
> I – as contribuições feitas aos Fundos controlados pelos Conselhos Municipais, Estaduais e Nacional dos Direitos da Criança e do Adolescente e pelos Conselhos Municipais, Estaduais e Nacional do Idoso;

II – as contribuições efetivamente realizadas em favor de projetos culturais, aprovados na forma da regulamentação do Programa Nacional de Apoio à Cultura – PRONAC, instituído pelo art. 1º da Lei nº 8.313, de 23 de dezembro de 1991;

III – os investimentos feitos a título de incentivo às atividades audiovisuais, na forma e condições previstas nos arts. 1º e 4º da Lei nº 8.685, de 20 de julho de 1993; (Brasil, 1995)

Uma alteração importante quanto às doações aos fundos controlados pelo conselhos municipais, estaduais e nacional dos direitos da criança e do adolescente é o disposto no art. 260-A, parágrafos 1º a 3º e incisos do ECA, que estabelece a possibilidade de que as doações possam ser feitas até a data de vencimento da primeira quota ou quota única do imposto de renda devido, e o valor de até 6% deve ser efetuado até 31/12 do exercício-base, e de janeiro a abril do ano seguinte ao exercício base, o valor é de até 3%; ambas as doações não poderão ultrapassar o limite de 6%, nos termos estabelecidos em instruções da Secretaria da Receita Federal do Brasil (Brasil, 1990b).

Assim, as doações realizadas pelos contribuintes, pessoas físicas ou jurídicas, deverão ser efetuadas diretamente aos fundos dos direitos da criança e do adolescente e devidamente comprovadas, cabendo ao respectivo conselho estabelecer os critérios de utilização das dotações subsidiadas e demais receitas.

5.3 Instituição do Sistema de Garantias dos Direitos da Criança e do Adolescente

O estabelecimento do Sistema de Garantias dos Direitos da Criança e do Adolescente – SGDCA tem previsão legal e objetivou assegurar e fortalecer a implantação e a implementação do ECA.

Seu objetivo é "a articulação e a integração das instâncias públicas governamentais e da sociedade civil na aplicação de instrumentos normativos e no funcionamento dos mecanismos de promoção, defesa e controle para efetivação dos direitos humanos da criança e do adolescente, nos níveis Federal, Estadual, Distrital e Municipal" (Brasil, 2006b). O sistema estará articulado com todos os sistemas nacionais de operacionalização de políticas públicas, especialmente nas áreas da saúde, educação, assistência social, trabalho, segurança pública, planejamento, orçamentária, relações exteriores e promoção da igualdade e valorização da diversidade (Brasil, 2006b).

Assim, não é um serviço, mas sim a articulação e a integração de todos os serviços e instância da política de atenção a crianças e adolescentes na promoção, na defesa e no controle, ou seja, um conjunto articulado de pessoas, órgãos e instituições que atuam e buscam desenvolver ações que assegurem e efetivem os direitos das criança e dos adolescentes.

De acordo com art. 5º da Resolução n. 113/2006, "os órgãos públicos e as organizações da sociedade civil, que integram o sistema de garantia, deverão funcionar em rede articulada e ter como objetivo principal garantir os direitos das crianças e dos adolescentes, a partir de três eixos estratégicos de ação" (Brasil, 2006b), Esses eixos são mais bem descritos a seguir.

O **eixo da promoção** é composto de programas e serviços dos órgãos governamentais e não governamentais, que buscam analisar a situação, o atendimento e a prevenção. A promoção de direitos tem como objetivo principal a formulação da política de garantia dos direitos, priorizando o atendimento, por meio das políticas públicas, das necessidades básicas da criança e do adolescente.

Deve garantir o acesso universal e igualitário aos serviços e programas da política pública básica e de proteção especial, prioritariamente a crianças e adolescentes, tendo caráter especial aquelas em situação de risco e vulnerabilidade pessoal e ou social

No **eixo do controle** estão os que fiscalizam o cumprimento do ECA, por meio do controle formal e do controle social, sendo o formal exercido por órgãos governamentais, e o social, pela sociedade civil. Esse controle acontece tanto pelo conselho de direitos quanto por organizações não governamentais, empresas, imprensa, entre outros, visando cobrar do Poder Público o funcionamento das políticas de atenção e atendimentos a criança e adolescentes, assim como do sistema de garantias.

O controle social, como o próprio nome diz, deve vigiar, controlar. Assim, o controle social tem por objetivo supervisionar se está ocorrendo o cumprimento das garantias e dos preceitos legais por meio de controle externo, ou seja, não governamental, exercido pela sociedade civil.

Outra forma de controle ocorre pela articulação da sociedade civil em encontro ou fóruns de debates, pelas entidades de atendimento e nas demais formas de organização social, pois nos espaços de debates, de construção do saber da sociedade que há mobilização e pressão para que as políticas de garantias de direitos sejam formuladas e tenham orçamento priorizado.

O **eixo da defesa** compõe as varas da infância e juventude, o Ministério Público, os órgãos de segurança pública, a polícia e os conselhos tutelares, objetivando não só cobrar mas também punir órgãos públicos e pessoas que descumprem seu dever zelar e buscar garantir a defesa dos direitos das crianças e dos adolescentes.

A defesa dos direitos objetiva acionar e responsabilizar a família, a sociedade e o Estado pelo não cumprimento ou pela violação dos direitos da criança e do adolescente, seja ela de caráter individual, seja ela de caráter coletivo, além de exigir e assegurar seu cumprimento. Compõem esse eixo as varas da infância e juventude, as varas criminais, as comissões de adoção, as corregedorias dos tribunais, as coordenadorias da infância e juventude, as defensorias públicas, os serviços de assistência jurídica gratuita, as promotorias do Ministério Público, as polícias militar e civil, os conselhos tutelares, as ouvidorias, além de outras entidades e instituições que atuam na proteção jurídico-social.

As medidas para a realização da defesa dos direitos podem ser ações judiciais, mandados de segurança, ações administrativas para apuração de irregularidades nas entidades de atendimento a esse público etc.

5.3.1 Implementação

De acordo com o art. 88, inciso I a III, do ECA, são diretrizes da política de atendimento:

> II – criação de conselhos municipais, estaduais e nacional dos direitos da criança e do adolescente, órgãos deliberativos e controladores das ações em todos os níveis, assegurada a participação popular paritária por meio de organizações representativas, segundo leis federal, estaduais e municipais;
>
> III – criação e manutenção de programas específicos, observada a descentralização político-administrativa; [...] (Brasil, 1990b)

A criação dos conselhos está preconizada na Constituição e foi regulamentada pela Resolução Conanda n. 105, de 15 de junho de 2005, que estabelece os parâmetros da criação e funcionamento dos CMDCAs.

Cumprir e fazer cumprir os direitos das crianças e dos adolescentes expressos no ECA é de responsabilidade dos atores que compõem o sistema de garantias, pois é em seu interior que ocorrem a interação e a articulação entre os diversos serviços e espaços, promovendo a complementariedade dos eixos que formam o sistema.

5.4 Conselho Municipal dos Direitos da Criança e do Adolescente

A criação dos conselhos está especificada no inciso II do art. 88 do ECA. Os parâmetros municipais dos direitos da criança e do adolescente (CMDCAs) para a criação e o funcionamento do conselho de direitos foram estabelecidos pelo Conanda na Resolução n. 105, de 17 de junho de 2005, alterada pela Resolução n. 106, de 15 de novembro de 2005, incluindo recomendações sobre as leis de criação dos conselhos. Ambas as resoluções foram alteradas pela Resolução n. 116, de 17 de novembro de 2006, que objetivou, principalmente, trazer correções à redação das anteriores. Em seu art. 1º, estabelece:

> os Parâmetros para Criação e Funcionamento dos Conselhos dos Direitos da Criança e do Adolescente em todo o território nacional, nos termos do art.88, inciso II, do Estatuto da Criança e do Adolescente, e arts. 204, inciso II, e 227, parágrafo 7º, da Constituição Federal, como órgãos deliberativos da política de promoção dos direitos da criança e do adolescente, controladores das ações, em todos os níveis, de implementação desta mesma política e responsáveis por fixar critérios de utilização e planos de aplicação do Fundo dos Direitos da Criança e do Adolescente.
>
> § 1º Incumbe ainda aos Conselhos de que trata o caput deste artigo zelar pelo efetivo respeito ao princípio da prioridade absoluta à criança e ao adolescente, conforme o previsto no art. 4º, caput e parágrafo único, alíneas "b", "c" e "d", combinado com os arts. 87, 88 e 259, parágrafo único, todos da Lei nº 8.069/90, e no art.227, caput, da Constituição Federal.
>
> § 2º Entende-se por parâmetros os referenciais e limites legais que devem nortear a criação e o funcionamento dos Conselhos dos Direitos da Criança e do Adolescente, a serem respeitados pela legislação específica, regimentos internos e normas correlatas, bem como pelos seus próprios membros e pelo poder executivo respectivo, em obediência às regras e princípios estabelecidos pela Lei nº 8.069/90 e Constituição Federal. (Brasil, 2006c)

De acordo com os parâmetros e as normativas legais, em todo o território nacional, devem ser criados os CMDCAs (em âmbito nacional, estadual e municipal). Esses órgãos vão deliberar sobre a política de atenção e promoção dos direitos da criança e do adolescente e controlar ações, em todos os níveis de governos, responsáveis também pela implementação dessa mesma política, além de fixar critérios de utilização e planos de aplicação do Fundo dos Direitos da Criança e do Adolescente – FMDCA.
A criação dos conselhos municipais é feita por meio de legislação municipal. De acordo com o ECA e demais normativas, devem-se estabelecer o número de representantes, tanto do Poder

Público quanto da sociedade civil, seu mandato, formas de recondução, posse, eleição da diretoria, assim como todas as demais obrigações e funções pertinentes.

É necessário também elaborar o regimento interno do conselho, que trará normas relativas à organização e ao funcionamento do órgão, bem como aprovar e dar publicização desse documento, em respeito aos princípio constitucionais, ao ECA e à lei de criação.

Os conselhos são, portanto, órgãos deliberativos da política de promoção dos direitos da criança e do adolescente, além de controladores da implementação dessa política conforme o previsto no inciso II do art. 88 do ECA:

> Art. 88 São diretrizes da política de atendimento:
>
> [...]
>
> II – criação de conselhos municipais, estaduais e nacional dos direitos da criança e do adolescente, órgãos deliberativos e controladores das ações em todos os níveis, assegurada a participação popular paritária por meio de organizações representativas, segundo leis federal, estaduais e municipais; [...] (Brasil, 1990b)

Deliberar significa tomar decisão ou decidir. A decisão deve ocorrer após discussões e reflexões com seus pares e com a participação de qualquer cidadão que se interesse em estar presente nos espaços em que esse processo vá ocorrer – reuniões ordinárias ou extraordinárias, fóruns, conferências etc. Todo cidadão tem direito à voz e à opinião, assim como os membros do conselho, e poderão votar para a aprovação ou não do que estiver na pauta das reuniões.

Sendo um órgão deliberativo e consultivo, o conselho precisa cumprir o que a legislação estabelece. Ele partilha do poder decisório e do controle social das ações e políticas objetivando a garantia dos direitos conquistados, além de atuar no sentido de que aquelas ações que ainda não foram implementadas sejam requeridas e tenham planejada sua implementação.

Não podemos deixar de pontuar que, perante a Administração Pública, os conselhos são espaços privilegiados para promover a intersetorialidade das políticas, pois trabalham no sentido de conhecer as políticas direcionadas à criança e ao adolescente e realizar seu financiamento por meio do FMDCA. Os conselhos precisam conhecer os executores dessas políticas e as demandas postas que desafiam as políticas públicas e sociais básicas e para as quais devem ser executadas as ações e medidas protetivas e socioeducativas preconizadas no ECA.

No art. 89, o ECA estabelece: "a função de membro do conselho nacional e dos conselhos estaduais e municipais dos direitos da criança e do adolescente é considerada de interesse público relevante e não será remunerada" (Brasil, 1990b). Mesmo não sendo remunerados, os conselheiros são considerados agentes públicos para todos fins e efeitos, inclusive o penal, por ação ou omissão no cumprimento dos deveres a eles impostos, ou seja, o da formulação da política de atendimento e proteção a crianças e adolescentes, visando ao atendimento de sua proteção integral conforme estabelecido em lei.

5.4.1 Composição

A composição do CMDCA é paritária: representantes do Poder Público e representantes da sociedade civil em igual número. Os representantes do Poder Público são indicados pelo prefeito, assim como seus suplentes. Os representantes da sociedade civil deverão ser indicados de organizações da sociedade civil constituídas há pelo menos dois anos.

O mandato do conselheiro terá a duração de dois anos. Recondução ou prorrogação de mandato não ocorrerão de forma automática. É necessário que haja novo processo eletivo.

A função exercida pelos membros dos conselhos, tanto dos representantes da sociedade civil quanto do Poder Público, é considerada de interesse público relevante, por isso esses profissionais não serão remunerados e não poderão afastar-se das atividades profissionais exercidas no órgão.

5.4.2 Atribuições

Uma das funções relevantes do CMDCA é a de deliberação e controle relativos às ações desenvolvidas pelos órgãos governamentais e pela sociedade civil de promoção dos direitos da criança e do adolescente. O conselho deve executar com eficiência e eficácia suas atividades e desenvolver, entre outras, as atribuições de acompanhar, monitorar e avaliar as políticas em seu âmbito. Deve, ainda, difundir à sociedade local a concepção de criança e adolescente como sujeitos de direitos e pessoas em situação especial de desenvolvimento, além do paradigma da proteção integral como prioridade absoluta. Para isso, precisa conhecer a realidade de seu território e elaborar um plano de ação.

Outras atribuições do CMDCA são definir prioridades de enfrentamento dos problemas mais urgentes, participar e acompanhar a elaboração, a aprovação e a execução do PPA (Plano Plurianual), da LDO (Lei de Diretrizes Orçamentárias), indicando modificações necessárias à consecução dos objetivos da política dos direitos da criança e do adolescente, e da LOA (Lei Orçamentária Anual) local.

Outros papéis de grande importância a serem desempenhados pelo conselho são gerir o FMDCA, definindo a utilização dos recursos por meio de plano de aplicação; registrar as organizações da sociedade civil sediadas em sua base territorial que prestem atendimento a crianças, adolescentes e respectivas famílias; e inscrever os programas de atendimento a crianças, adolescentes e respectivas famílias em execução em sua base territorial por entidades governamentais e organizações da sociedade civil.

Podemos observar, portanto, que as atribuições do conselho são inúmeras e de suma importância para que, de fato, as políticas públicas de atenção, promoção e defesa dos direitos das crianças e dos adolescentes sejam implementadas, para atender e proteger seus direitos como sujeitos signatários das políticas públicas.

5.5 Registro das entidades

Os arts. 90 e 91 do ECA determinam que o CMDCA deve efetuar o registro das entidades e a respectiva inscrição dos programas de atendimento, avaliando tais programas e negando registro às entidades que não cumpram os requisitos do art. 91, parágrafo 1º, a saber:

> § 1º Será negado o registro à entidade que:
> a) não ofereça instalações físicas em condições adequadas de habitabilidade, higiene, salubridade e segurança;
> b) não apresente plano de trabalho compatível com os princípios desta Lei;
> c) esteja irregularmente constituída;
> d) tenha em seus quadros pessoas inidôneas.
> e) não se adequar ou deixar de cumprir as resoluções e deliberações relativas à modalidade de atendimento prestado expedidas pelos Conselhos de Direitos da Criança e do Adolescente, em todos os níveis. (Brasil, 1990b)

Estabelece também, em seu art. 95, que o Conselho Tutelar deve fiscalizar as entidades em conjunto com o Poder Judiciário e o Ministério Público quanto à execução das medidas protetivas aos direitos da criança e do adolescente.

5.6 Conselho Tutelar

O Conselho Tutelar tem previsão legal para sua criação (art. 131 do ECA) como órgão público municipal autônomo, que, embora vinculado administrativamente ao Poder Executivo, não está subordinado quanto à execução de suas atribuições, tendo como função principal a de zelar pelo cumprimento do estabelecido no ECA a respeito dos direitos da criança e do adolescente.

Compete ao Conselho Tutelar, nos termos do art. 136, tomar providências sempre que ocorra ameaça ou efetiva violação de algum direito da criança e do adolescente, devendo aplicar as medidas cabíveis de proteção previstas no art. 101, incisos I a VII, do ECA.

O Conselho Tutelar não executa as políticas públicas de atendimento à criança e ao adolescente. Ele é órgão fiscalizador do cumprimento ou da violação dos direitos da criança e do adolescente, aplicando as medidas previstas o art. 129, incisos I a VII, do ECA.

Tem um papel importante de apoio ao conselhos municipais na elaboração de diagnóstico sobre a realidade local e demandas relativas à criança e ao adolescente. Esse apoio subsidia os planos, os debates e as interpretações das políticas públicas no âmbito de atuação dos conselhos municipais. O processo de escolha e composição do Conselho Tutelar deve ser regulamentado e conduzido pelo conselho municipal e fiscalizado pelo Ministério Público.

Lei municipal, com base na legislação federal, deverá estabelecer a criação do Conselho Tutelar no município, além de regulamentar seu processo de escolha, suas funções e atribuições, bem como seus direitos e deveres.

Deverá prever, ainda, o número de conselhos tutelares a serem implantados no município diante de suas demandas, observando a obrigatoriedade da existência de pelo menos um, composto de cinco membros escolhidos por eleição direta, universal e facultativa, em dia e hora previamente divulgados.

O mandato do conselheiro é de quatro anos, permitida a recondução mediante participação do processo eletivo, cumprindo mandato em regime de dedicação exclusiva, ou seja, sem exercer outra atividade profissional.

A eleição do Conselho Tutelar ocorre sempre no ano subsequente ao da eleição do presidente da República, no mês de outubro, com posse no mês de janeiro do ano subsequente à eleição. Após a posse, o Conselho Tutelar elabora seu regimento interno e encaminha ao Conselho Municipal, que poderá aprovar ou não, propondo alteração nos termos do § 1º do art. 17 da Resolução n. 139 do Conanda.

Em conjunto com o Conselho Tutelar, o Conselho Municipal deve estabelecer uma política de capacitação permanente de seus membros diante do atendimento e da identificação de suas demandas, com a divulgação das funções desempenhadas pelo Conselho Tutelar, evidenciando que, além de prestar esclarecimentos à sociedade e desconstruir a cultura, ele é um órgão punitivo.

O Poder Executivo deve disponibilizar espaço físico e condições materiais e técnicas para o regular funcionamento do Conselho Tutelar, além de se responsabilizar por sua manutenção.

5.7 Fundo Municipal dos Direitos da Criança e do Adolescente

O art. 260 do ECA prevê a criação do Fundo dos Direitos da Criança e do Adolescente – FMDCA, com o objetivo de receber as doações previstas na legislação que trata do Imposto de Renda, tanto da pessoa física quanto da jurídica, e que devem obrigatoriamente ser aplicadas em ações voltadas ao atendimento das crianças e dos adolescentes.

O art. 167, inciso IX, veda a instituição de fundos de qualquer natureza, sem prévia autorização legislativa. Por isso, os fundos devem ser criados por lei. No caso do Fundo Municipal dos Direitos da Criança e do Adolescente, a responsabilidade é de lei municipal, que estabelecerá a qual órgão estará vinculado, seus objetivos, o tipo de vinculação ao Conselho Municipal responsável por sua gestão, as origens de suas receitas, assim como a forma da destinação de recursos, sua execução e a prestação de contas.

O FMDCA não é um órgão da Administração nem pessoa jurídica, embora tenha seu próprio CNPJ, considerando a exigência legal de seguir as normas previstas nos arts. 71 e 74 da Lei n. 4.320/1964, assim como o estabelecido nos arts. 260 a 260-K. Seus recursos deverão ser aplicados em ações e programas de atendimento integral à criança e ao adolescente, priorizando os programas de proteção especial.

A gestão do FMDCA é de responsabilidade do CMDCA. Sua existência está subordinada a um órgão da Administração Pública direta. Temos, assim, uma nova forma de gestão dos recursos públicos.

De acordo com o ECA, o FMDCA tem como suas principais fontes de arrecadação:

- **Dotação orçamentária e créditos orçamentários**: considerando o princípio da prioridade absoluta estabelecido pelo art. 227 da Constituição e a determinação constante da alínea "d" do parágrafo único do art. 4º do ECA.
- **Doações incentivadas de pessoas jurídicas**: as doações ao fundo obedecem regras fiscais e são dedutíveis do Imposto de Renda da Pessoa Jurídica, desde que a apuração do imposto seja feita pelo Lucro Real. O valor permitido é de até 1% do imposto devido e calculado à alíquota de 15% para cada período de apuração, sendo ela mensal trimestral ou anual.
- **Doações e incentivos de pessoas físicas**: o valor total da doação da pessoa física é de 6% do imposto devido com a declaração pelo modelo completo. O período de apuração deve ser dentro do ano-base, no período de 1º janeiro a 31 dezembro. Atualmente, é permitido que essa doação seja feita em dois momentos: se for efetuada até o dia 31 de dezembro do exercício fiscal, o limite máximo é de 6%, mas se for efetuada no exercício seguinte, ou seja, entre 1º de janeiro e 30 de abril, mas referente ao exercício fiscal anterior, o limite é de até 3%.
- **Doação de bens**: a doação de bens pode ser feita por pessoas físicas e jurídicas com a dedução do imposto devido, limitando-se aos valores estabelecidos anteriormente. Os bens permanentes comporão o patrimônio do município, mas serão

disponibilizados ao CMDCA para que possam ser empregados na rede de atendimento e atenção a crianças e adolescentes.

- **Multas e penalidades administrativas**: referem-se às multas previstas nos arts. 228, 229 e 258 do ECA e que devem ser revertidas ao FMDCA nos termos dos arts. 154 e 214 do ECA.

> Art. 214. Os valores das multas reverterão ao fundo gerido pelo Conselho dos Direitos da Criança e do Adolescente do respectivo município.
>
> § 1º As multas não recolhidas até trinta dias após o trânsito em julgado da decisão serão exigidas através de execução promovida pelo Ministério Público, nos mesmos autos, facultada igual iniciativa aos demais legitimados.
>
> § 2º Enquanto o fundo não for regulamentado, o dinheiro ficará depositado em estabelecimento oficial de crédito, em conta com correção monetária. (Brasil, 1990b)

- **Outras receitas**: dizem respeito às transferências de recursos financeiros de órgãos públicos federais ou estaduais, assim como de fundo a fundo (nacional ou estadual) dos direitos da criança e do adolescente; às doações de entidades nacionais ou internacionais, governamentais ou não; ou, ainda, a legados, contribuições voluntárias e resultado das aplicações financeiras. Os recursos do FMDCA não podem ficar parados em conta, devendo ser aplicados no mercado financeiro. O lucro deve ser disponibilizado ao financiamento de ações e programas cuja destinação sejam as crianças e os adolescentes.

As doações para o FMDCA são de suma importância, pois vão compor seus recursos. O fundo só poderá financiar ações de promoção e defesa aos direitos da criança e do adolescente, principalmente aqueles em situação de risco pessoal ou social ou ainda em situação de vulnerabilidade social. Caso ocorra saldo em um exercício, este deve ser transferido para o exercício subsequente.

Síntese

Neste capítulo, tratamos do Sistema de Garantia dos Direitos da Criança e do Adolescente – SGDCA, que se refere à articulação de uma rede, ou seja, a um conjunto articulado de ações que envolve pessoas, entidades, instituições públicas e não governamentais. Todos envolvidos com a política dos direitos da criança e do adolescente, visando efetivar direitos já assegurados pelas legislações, tais como da saúde, da educação, do esporte, da cultura, entre outras.

Ressaltamos o fato de que o Estatuto da Criança e do Adolescente – ECA estabelece mecanismos de elegibilidade dos direitos da criança e do adolescente por meio das políticas públicas. Um desses mecanismos é a elaboração, o acompanhamento e o controle a serem realizados pelo conselho dos direitos na esfera de cada ente federativo. As ações implementadas devem ocorrer de forma articulada, tanto pelas organizações governamentais quanto pelas não governamentais.

Destacamos que a rede de atendimento só se concretiza quando ocorre articulação entre os envolvidos e se houver a participação, a interconexão e a construção de vínculos dentro do sistema. Essa rede é composta de todos os órgãos e operadores das políticas públicas. Não existem líderes ou chefes, pois a relação deve ser construída na horizontalidade.

Por fim, pontuamos a necessidade da capacitação continuada de seus atores para que, de fato, a política de proteção integral e da prioridade absoluta se concretize.

Questões para revisão

1. Com relação ao Conselho Tutelar, é correto afirmar:
    a) É o órgão responsável pelo registro das entidades assistenciais.
    b) Tem como competência estabelecer a substituição do poder familiar

c) Seus membros poderão ser reeleitos por um mandato uma única vez.
d) É um órgão não jurisdicional.

2. Com base no Estatuto da Criança e do Adolescente – ECA, é correto afirmar:
   a) A criança e o adolescente jamais serão retirados do seio da família natural.
   b) À criança e ao adolescente são assegurados todos os direitos inerentes à dignidade da pessoa humana.
   c) O Estado tem o dever de assegurar o ensino gratuito aos adolescentes carentes maiores de 12 anos.
   d) Compete apenas à família o dever de zelar pela dignidade da criança e do adolescente.

3. Com relação ao Sistema de Garantia dos Direitos da Criança e do Adolescente – SGDCA, analise as afirmativas a seguir.
   I) é um conjunto articulado de ações que envolve pessoas, entidades, instituições públicas e não governamentais.
   II) visa efetivar direitos já assegurados pelas legislações, tais como da saúde, da educação, do esporte e da cultura.
   III) não é um serviço, mas sim a articulação e a integração de todos os serviços da política de atenção a criança e adolescentes.
   IV) tem previsão legal e objetivou assegurar e fortalecer a implantação e a implementação do ECA.

   Agora, assinale a alternativa correta:
   a) Apenas I, III e IV são verdadeiras.
   b) Apenas I e IV são verdadeiras
   c) Apenas I, II e IV são verdadeiras
   d) Todas são verdadeiras.

4. O que significa Sistema de Garantias dos Direitos da Criança e do Adolescente – SGDCA?

5. O que é e qual é a responsabilidade do Conselho Nacional dos Direitos da Criança e do Adolescente – Conanda?

Questões para reflexão

1. Você considera importantes as atribuições dos conselhos municipais para a efetivação das políticas de atendimento a crianças e adolescentes?

2. A arrecadação de recursos para a implementação e a efetivação das políticas de atendimento a crianças e adolescentes é suficiente para pôr em prática todas as demandas relacionadas ao assunto?

Para saber mais

BERTOLO, J. G. **Estatuto da criança e do adolescente**: doutrina, legislação e práticas jurídicas. São Paulo: JH Mizuno, 2012.

O Estatuto da Criança e do Adolescente, Lei n. 8.069/1990, dispõe sobre a proteção integral à criança e ao adolescente. Esse o livro traz a textualização da lei, sua interpretação, os direitos e deveres individuais e coletivos e a peculiaridade para o desenvolvimento da criança e do adolescente.

FARINELLI, C. C.; PIERINI, A. J. O sistema de garantia de direitos e a proteção integral à criança e ao adolescente: uma revisão bibliográfica. **O Social em Questão**, ano 19, n. 35, p. 63-86, jan./jun. 2016.

Mediante uma revisão bibliográfica, os autores discutem o Sistema de Garantia dos Direitos da Criança e do Adolescente, sua competência, os desafios enfrentados à proteção integral, além das estratégias necessárias para difundir a cultura de promoção, defesa e garantia de direitos, bem como a importância da mobilização da sociedade em favor de sua efetivação em parceria com os demais componentes do sistema, de modo articulado, integral e integrado.

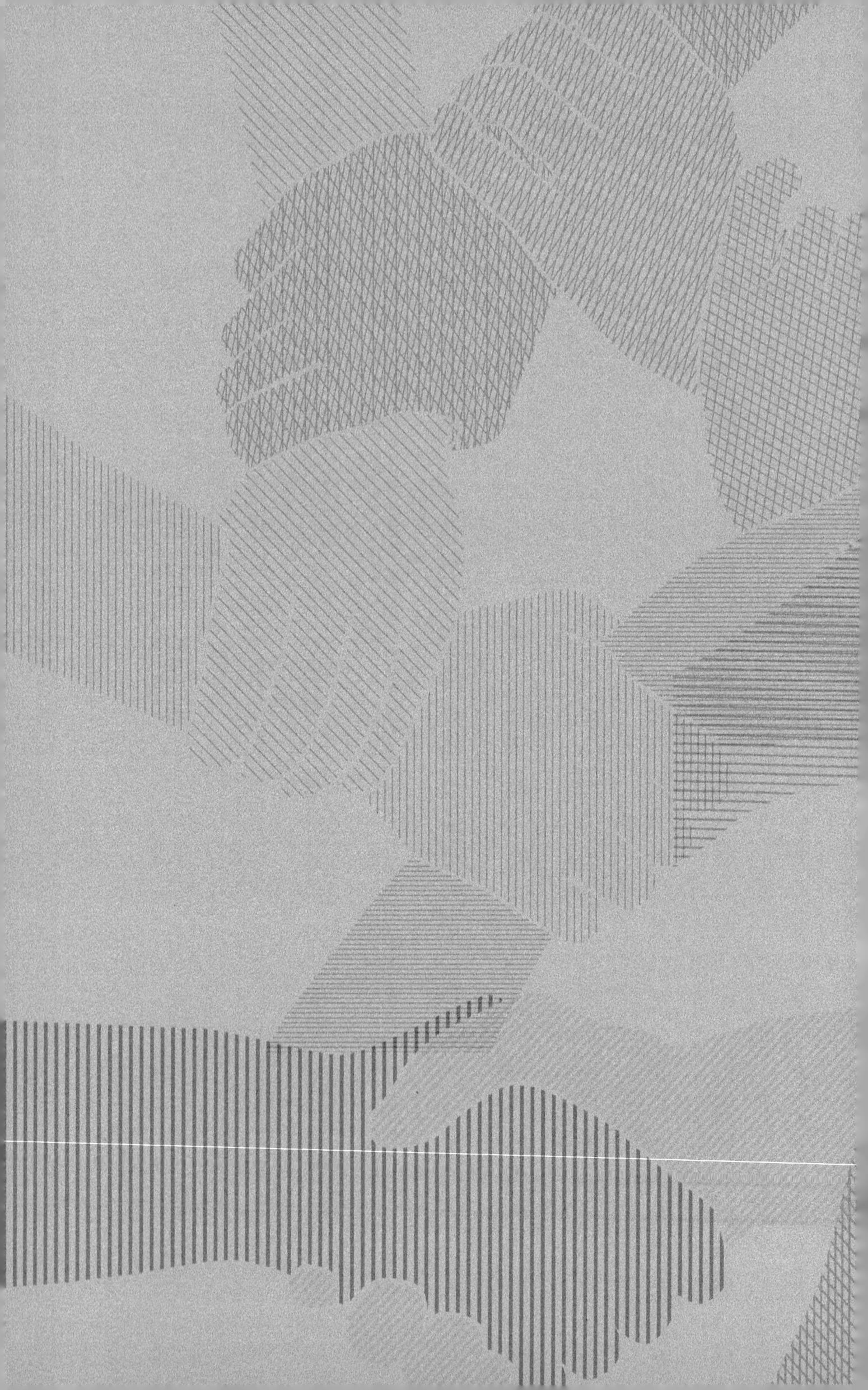

CAPÍTULO 6

Evolução dos direitos da mulher na legislação brasileira

Conteúdos do capítulo:

- Código Civil de 1916.
- Direito ao voto.
- Estatuto da Mulher Casada.
- Princípio da igualdade da Constituição de 1967.
- Lei do Divórcio.
- A mulher na Constituição de 1988.
- Lei Maria da Penha e Lei do Feminicídio.
- Trajetória da mulher nas políticas públicas.
- Política Nacional de Atenção Integral à Saúde da Mulher.

Após o estudo deste capítulo, você será capaz de:

1. compreender o papel da mulher na evolução histórica da legislação brasileira, a partir do Código Civil de 1916, como maneira de contextualizar as leis e as políticas públicas da atualidade;
2. ampliar os conhecimentos sobre os desafios e o reconhecimento da importância da mulher na sociedade por meio das lutas em busca de legislações protetivas de sua dignidade e liberdade;
3. fomentar o debate sobre o papel da mulher na elaboração de políticas em prol de sua emancipação individual e coletiva nas relações sociais, políticas, culturais, econômicas e de poder.

6.1 Percurso histórico

Um dos maiores juristas brasileiros de todos os tempos, Pontes de Miranda, escreveu que "Direito serve à vida: é o regramento da vida. É criado por ela e, de certo modo, a cria" (Miranda, citado por Wald, 1992, p. 8). De fato, as leis têm como função organizar a sociedade e manter seu funcionamento, ao mesmo tempo que refletem a realidade cotidiana.

Nesse sentido, ao longo da história, a mulher sofreu sensíveis restrições, inclusive por parte da lei, como assevera Monteiro (2007, p. 162), ao citar Savatier, a propósito da legislação francesa: "O Código, trabalho masculino, é obra parcial, em que a mulher aparece ao mesmo tempo como vítima e vencida". Ideias retrógradas inspiravam pareceres de moralistas e filósofos. Monteiro (2007, p. 162) traduz essa concepção ao afirmar:

> Aristóteles, por exemplo, proclamava que quando a natureza erra na fabricação do homem, sai uma mulher; Schopenhauer, referindo-se ao sexo feminino, falava depreciativamente dessa "raça de estatura meã, ombros estreitos, ancas largas e pernas curtas"; Atribui-se a Napoleão a frase "A natureza fez de nossas mulheres nossas escravas".

Com efeito, verificaremos algumas das conquistas jurídicas da mulher por meio de legislações primitivas, que, por vezes, não fazem mais sentido nos dias atuais.

6.1.1 Código Civil de 1916

A legislação do Brasil pré-republicano sequer cogitava a participação da mulher na sociedade. Na primeira Constituição brasileira, de 1824, apenas o homem era considerado cidadão; uma análise do art. 6º, que definia as condições de exercício da cidadania, relacionava em todas as situações apenas o gênero masculino.

A Constituição da República promulgada em 1891 seguiu o mesmo caminho.

Embora muito aguardado, o Código Civil de 1916 continha inúmeras medidas discriminatórias contra a mulher, reflexo da sociedade da época. Contudo, não devemos nos esquecer de que, com exceção das diversas reformulações feitas no decorrer de sua longa existência, o código vigorou até ser substituído pelo novo em 2002.

Verucci (1999, p. 35) revela que, na confecção do Código Civil de 1916, houve muita influência do Estado e da Igreja, consagrando "a superioridade do homem, dando o comando único da família ao marido, e delegando a mulher casada a incapacidade jurídica relativa, equiparada aos índios, aos pródigos e aos menores de idade".

Monteiro (1997, p. 137) destaca que o código, logo em seu art. 6º, incluía a mulher casada entre as pessoas relativamente incapazes, ao lado dos menores, dos pródigos e dos silvícolas (Brasil, 1916).

Destacamos, ainda, outras medidas do antigo código no âmbito do direito de família que evidenciam a posição de inferioridade pela qual era tratada a mulher, como o art. 380, que conferia ao homem exclusividade no exercício de sua autoridade sobre a família em detrimento da mulher, permitindo apenas que ela o exercesse em sua falta ou impedimento do marido.

A primeira parte do art. 186 trazia os seguintes dizeres: "Art. 186. Discordando eles entre si, prevalecerá a vontade paterna [...]" (Brasil, 1916); ou seja, se houvesse uma situação de discordância entre marido e mulher, prevaleceria a vontade do homem.

O papel de submissão ficava bastante claro no art. 240, em que o legislador determinava que a mulher deveria assumir o sobrenome do marido e, pelo casamento, tornava-se sua auxiliar na manutenção da família: "Art. 240. A mulher assume, pelo casamento, com os apelidos do marido, a condição de sua companheira, consorte e auxiliar nos encargos da família" (Brasil, 1916).

Nos casos de dissolução da sociedade conjugal, a pensão alimentícia só poderia ser fixada caso houvesse o entendimento de que a mulher era inocente e pobre: "Art. 320. No desquite judicial,

sendo a mulher inocente e pobre, prestar-lhe-á o marido a pensão alimentícia, que o juiz fixar" (Brasil, 1916).
A mulher divorciada, ao casar novamente, perdia sua autoridade parental, nos seguintes termos: "Art. 393. A mãe, que contrai novas núpcias, perde, quanto aos filhos de leito anterior, os direitos ao pátrio poder" (Brasil, 1916). Por fim, destacamos a redação do *caput* do art. 242: "A mulher não pode, sem autorização do marido" e segue uma lista de nove incisos, entre eles a proibição de exercer uma profissão, exceto se autorizado pelo marido. Portanto, não restam dúvidas acerca da inferioridade a que eram relegadas as mulheres pela antiga legislação civil brasileira.

6.1.2 Direito ao voto

A Constituição monárquica de 1824 era adepta do voto censitário e, embora não houvesse menção explícita no texto à proibição em razão do gênero, o sufrágio era concedido exclusivamente para homens, livres, com a idade mínima de 25 anos de idade e renda preestabelecida pela lei.
A seu turno, a Constituição seguinte, de 1891, revogou o sistema censitário, permitindo apenas aos homens alfabetizados o direito ao voto, permanecendo implícita a restrição feminina, assim como para grande parte da população da época, que era analfabeta.
O direito ao voto para as mulheres no Brasil ocorreu tardiamente, com o advento do Código Eleitoral de 1932 (Decreto n. 21.076, de 24 de fevereiro de 1932), durante a gestão do presidente Getúlio Vargas. O art. 2º determinava ser eleitor o cidadão maior de 21 anos, sem distinção de sexo, alistado na forma do código. Embora aprovado o voto feminino, os analfabetos, os soldados e os religiosos ainda não poderiam votar.
Em 1934, o Código Eleitoral eliminou restrições ao pleno exercício do voto feminino. A partir de 1946, a obrigatoriedade do voto, antes restrita ao sexo masculino, foi estendida às mulheres.

O voto universal (abrangendo toda a população), porém, seria garantido tão somente pela Constituição Federal de 1988.
Como podemos perceber, foi lenta a evolução do processo legislativo sobre o assunto. Para reafirmar a importância desse fato, com a publicação da Lei n. 13.086, de 8 de janeiro de 2015, foi instituído no calendário oficial do governo federal o dia 24 de fevereiro como o Dia da Conquista do Voto Feminino.

6.2 Estatuto da Mulher Casada

Em 1962, houve um grande passo no sentido da ruptura da hegemonia masculina percebida em diversos institutos do Código Civil de 2016: a publicação da Lei n. 4.121, de 27 de agosto de 1962, que ficou conhecida como *Estatuto da Mulher Casada*. Essa lei alterou 14 artigos do então Código em vigor. Para Monteiro (2007, p. 164), o Estatuto iniciou o movimento legislativo de equiparação entre o homem e a mulher no casamento, de modo a aliviar as desigualdades, porém não as suprimindo completamente.

Antes da vigência da lei, o código determinava, por exemplo, conforme vimos anteriormente, que a mulher divorciada, ao contrair novo casamento, perderia sua autoridade parental. Com efeito, a alteração mudou esse cenário. A mulher que contraísse novas núpcias não mais perderia os direitos ao pátrio poder, exercendo-os sem qualquer interferência do marido.

As mulheres casadas deixaram o elenco de pessoas relativamente incapazes previsto no art. 6º do Código Civil de 1916. Outros tantos avanços foram percebidos, como o que conferiu à mulher a administração da sociedade conjugal em condições igualdade ao homem, e não mais apenas como colaboradora, assim como a dispensa da autorização do marido para o trabalho da mulher.

O art. 380, que conferia exclusividade ao homem no exercício do poder familiar e, somente na falta deste, à mulher, concedeu o poder a ambos os pais, embora prevalecendo a vontade do homem no caso de discordância do casal, mas garantindo à mãe o direito de recorrer ao juiz para a solução da divergência. Como visto, o Estatuto, que foi incorporado ao Código Civil, corrigiu algumas situações inaceitáveis, porém falhou ao não mencionar algumas circunstâncias igualmente intoleráveis, como a consideração de erro essencial a pessoa por defloramento da mulher ignorado pelo marido, o que ensejaria anulação do casamento, ou a permissão de um pai para deserdar a filha que morasse sob seu teto e fosse considerada desonesta.

6.3 Princípio da igualdade da Constituição Federal de 1967

As forças armadas tomaram o poder em 1964 diante da crise no quadro político-institucional da época. O novo governo manteve a Constituição de 1946 por força do Ato Institucional n. 1 (AI-1) com alterações, porém queriam um texto constitucional alinhado à nova ordem institucional.

Nesse contexto, surgiu a Constituição de 1967, em meio à centralização do poder, à redução das competências dos poderes Legislativo e Judiciário e a um duro golpe nos direitos individuais, pois havia a possibilidade de suspensão dos direitos políticos de forma exagerada (Araújo; Nunes Junior, 2002).

Entretanto, a Constituição de 1967 inovou ao fixar o preceito de igualdade para todos perante a lei sem distinção de sexo, afirmando como norma constitucional a isonomia jurídica entre homem e mulher, anunciada categoricamente em seu art. 150, parágrafo 1º. Foi mantida a orientação da Constituição anterior, de 1946, que, em seu art. 141, determinava que todos são iguais perante a lei, mas sem a importante menção da proibição da distinção das pessoas em razão do sexo.

6.4 Lei do Divórcio

A Lei do Divórcio, Lei n. 6.515, de 26 de dezembro de 1977, é até hoje considerada um grande avanço na proteção da mulher e da família. Até 1977, quem casava permanecia com um vínculo jurídico para o resto da vida. Quando a convivência do casal se tornasse insuportável, poderia ser feito judicialmente o pedido de *desquite*, termo adotado pelo Código Civil de 1916 e utilizado durante muito tempo, criado para fazer a distinção da simples separação de corpos. Mantendo os preceitos das leis que o antecederam, o Código de 1916 determinava que o desquite poderia ser amigável, quando baseado em mútuo consentimento dos cônjuges, ou litigioso, quando requerido por um só deles (Wald, 1992).

A separação era concedida judicialmente apenas em alguns casos descritos na lei, como adultério, maus-tratos, injúria grave, tentativa de morte e abandono voluntário do lar conjugal (art. 317), além do desquite por mútuo consentimento (art. 318) (Brasil, 1916). Portanto, eram interrompidos os deveres conjugais e extinguia-se a sociedade conjugal, de modo que os bens eram partilhados e a convivência sob o mesmo teto deixaria de existir, mas nenhum dos dois poderia recomeçar sua vida ao lado de outra pessoa cercado da proteção jurídica do casamento.

Naquela época, não existiam leis que protegiam a união estável de modo a resguardar os direitos daqueles que viviam juntos informalmente.

A Constituição de 1934, por sua vez, ratificou a indissolubilidade do casamento, tornando-a preceito constitucional. A Constituição seguinte, de 1937, reiterou que a família é constituída pelo casamento indissolúvel, sem se referir à forma (art. 124). O mesmo preceito foi repetido nas Constituições de 1946 e de 1967.

A Lei do Divórcio, portanto, concedeu a possibilidade de um novo casamento, mas somente por uma vez. O termo *desquite* caiu em desuso, dando lugar à expressão *separação judicial*, utilizada como um estágio intermediário até a obtenção do divórcio. Apenas com a Constituição de 1988 passou a ser permitido divorciar-se e casar-se novamente.

6.5 A mulher na Constituição Federal de 1988

A promulgação de uma nova Constituição deve ser justificada por suas inovações, como é o caso da atual Constituição brasileira. Elaborada depois de um longo período ditatorial, ela se transformou em um marco da redemocratização brasileira. Com efeito, a inserção de medidas protetivas relacionadas à mulher era necessária para a expansão de seus direitos, em alinhamento com a nova situação do país.

Araújo (2012) ensina que a primeira marca clara dos constituintes para efetivar um Estado Democrático de Direito surgiu ao assegurar a dignidade da pessoa humana como um valor do sistema. Em seu entendimento, todos devem ser considerados e, mais do que isso, "deve haver um cuidado especial com setores fragilizados e no caso, a mulher pode se enquadrar perfeitamente nessa situação" (Araújo, 2012, p. 11).

Nesse sentido, não se poderia imaginar a existência de uma sociedade livre, justa e solidária, conforme os termos mencionados no texto constitucional, havendo um grupo que sofresse violência doméstica, discriminação, alijamento das práticas sociais, baixos salários em relação aos do sexo masculino, entre outros problemas (Araújo, 2012).

O art. 5º, inciso I, da Constituição de 1988 determina, dada a importância dessa colocação, a obrigatoriedade da equidade de direitos e obrigações entre homens e mulheres: "I – homens e mulheres são iguais em direitos e obrigações, nos termos desta Constituição" (Brasil, 1988). No mesmo art. 5º, o constituinte decidiu garantir às mulheres que se encontram sob custódia estatal condições para permanecerem com seus filhos durante o período de aleitamento materno, o que constitui também um benefício para as crianças, ante toda a problemática em torno do tema: "L – às presidiárias serão asseguradas condições para que possam permanecer com seus filhos durante o período de amamentação" (Brasil, 1988).

Citamos, por fim, o art. 7º, que, ao tratar de matéria trabalhista, deu garantias à proibição de diferenças de salários por motivos de sexo: "XXX – proibição de diferença de salários, de exercício de funções e de critério de admissão por motivo de sexo, idade, cor ou estado civil" (Brasil, 1988).

Portanto, entre os objetivos fundamentais da República determinados pela Constituição, observamos os vetores norteadores da atividade estatal em sinergia com nosso tema central: a promoção do bem de todos, sem preconceitos de origem, raça, sexo, cor, idade e quaisquer outras formas de discriminação. Esses são importantes comandos no amparo à eliminação de obstáculos em favor do desenvolvimento de um conjunto de políticas em defesa da mulher.

6.6 Lei Maria da Penha e Lei do Feminicídio

A Lei n. 11.340, de 7 de agosto de 2006, conhecida como *Lei Maria da Penha*, tem como finalidade estabelecer mecanismos para coibir a violência doméstica contra a mulher (Brasil, 2006a). Historicamente, foram criadas no Brasil as Delegacias da Mulher – a primeira em São Paulo, em 1985 –, que desempenham importante papel na luta contra a violência doméstica. Antes da criação da Lei Maria da Penha, existiam alguns instrumentos normativos no intento de coibir esse tipo de violência com punições mais severas ao agressor, embora não determinasse a questão de gênero. Concomitantemente, observou-se, na sociedade civil, uma profusão de grupos de apoios a mulheres vítimas de violência e, por parte de diversos órgãos públicos, a criação de comissões ou conselhos relacionados aos direitos da mulher.

A Lei Maria da Penha visa regulamentar e estabelecer mecanismos para coibir a violência doméstica e familiar contra a mulher, nos termos de seu art. 1º: "Esta Lei cria mecanismos para coibir e prevenir a violência doméstica e familiar contra a mulher" (Brasil, 2006a). Não obstante a existência de outros dispositivos legais com finalidade semelhante, como o art. 129 do Código Penal, que versa sobre agredir a integridade corporal ou a saúde de outrem, a Lei Maria da Penha é uma norma mais específica e de maior alcance. Não estabelece ou determina as penalidades aos agressores, mas cria medidas protetivas para mantê-lo afastado. Ainda, prevê uma rede de ajuda à mulher concedida em centros de acolhimento e abrigos, com aconselhamento jurídico e orientação profissional.

Embora não esteja expresso em seu texto, a lei ficou assim conhecida em homenagem à biofarmacêutica cearense Maria da Penha Maia Fernandes. Por duas vezes, ela sofreu um atentado contra sua vida pelo marido. A primeira, em 29 de maio de 1983, foi enquanto dormia: levou um tiro nas costas, tendo como sequela a paraplegia dos membros inferiores. A segunda tentativa foi quando o marido a empurrou de sua cadeira de rodas e tentou eletrocutá-la no chuveiro. O ex-marido foi julgado e condenado duas vezes, mas favorecido pela morosidade e ineficácia da justiça criminal (Penha, 2014).

A seu turno, a Lei do Feminicídio, Lei n. 13.104, de 9 de março de 2015, trata especificamente dos casos em que mulheres são assassinadas pela condição de serem do sexo feminino (Brasil, 2015).

A lei alterou o art. 121 do Código Penal para prever o feminicídio como circunstância qualificadora do crime de homicídio, consequentemente com um acréscimo no tempo de pena, e alterou também o art. 1º da Lei n. 8.072, de 25 de julho de 1990, que dispõe sobre crimes hediondos, de modo a incluí-lo nesse rol. O feminicídio é comprovado se houver antecedentes de violência doméstica e familiar ou nos casos em que o crime for motivado por menosprezo ou discriminação à condição de mulher.

6.6.1 Violência contra a mulher

A violência contra a mulher é um fenômeno profundamente arraigado na história brasileira e que tem tomado proporções cada vez mais preocupantes na sociedade contemporânea. É um tipo de violência baseado na desigualdade de gênero. Conforme ensina Luciane Medeiros, essa desigualdade é construída culturalmente e vem perpetrando-se em nosso país "ao longo dos anos e em diferentes conjunturas, visto que trata de um tipo de violência que, apesar de ter suas raízes no patriarcado, permanece sendo reproduzida na contemporaneidade para além das relações interpessoais, em estruturas institucionalizadas que discriminam e subjugam a mulher" (Medeiros; Santos, 2017, p. 255).

O enfrentamento da violência contra a mulher, no período histórico mais recente, pode ser mais claramente evidenciado no cenário brasileiro a partir dos anos 1970. Para Medeiros e Santos (2017, p. 234),

> teve impulso, a partir do ressurgimento do movimento feminista na década de 1970, quando o referido movimento assim como os movimentos de mulheres no contexto da redemocratização do país, atuaram, dentre outras ações, na denúncia dos crimes de assassinato de mulheres sob a tese da legítima defesa da honra.

Na legislação brasileira, antes do advento da Lei Maria da Penha, coexistiam instrumentos legais contraditórios sobre o tema. A Lei n. 9.099/1995 – Leis dos Juizados Cíveis e Criminais –, instituía a violência cometida contra as mulheres como "crimes de menor potencial ofensivo", e o art. 61 do Código Penal brasileiro considerava de maior gravidade os crimes cometidos por pessoas que mantinham relação próxima ou íntima com a vítima.

Desse modo, não obstante os avanços em questões como o reconhecimento da igualdade entre homens e mulheres em diversos dispositivos e outros semelhantes na Constituição brasileira de 1988, a Lei Maria da Penha e a Lei do Feminicídio tornaram-se definitivamente marcos na questão da proteção contra a violência a mulher, ao trazerem importantes modificações e medidas eficazes na prevenção e no controle desse tipo de violência, até então inexistentes na legislação anterior.

6.6.2 Lei do Minuto Seguinte

A Lei n. 12.845, de 1º de agosto de 2013 (Brasil, 2013), conhecida como *Lei do Minuto Seguinte*, soma-se à Lei Maria da Penha na estrutura legal que tem como propósito medidas de proteção às mulheres.

A lei versa sobre o tratamento humanizado e imediato em hospitais às mulheres vítimas de violência sexual, sendo desnecessário prévia realização de boletim de ocorrência ou qualquer outro tipo de documento comprobatório, bastando a palavra da vítima para a realização do atendimento.

O caráter emergencial do atendimento tem como finalidade restringir o agravamento das condições físicas e psíquicas, podendo, ainda, oferecer encaminhamento aos serviços de assistência social. A lei estabelece que, no tratamento das lesões físicas, o médico deve preservar materiais que possam ser utilizados pela perícia médico-legal, para a realização de exame de HIV e para a identificação do agressor em posterior exame de DNA.

O art. 3º torna obrigatórios, para todos os hospitais integrantes da rede do Sistema Único de Saúde – SUS, além do amparo médico por meio de diagnóstico e tratamento nos locais onde houver lesões, atendimentos psicológico e social, profilaxia de gravidez e de doenças sexualmente transmissíveis. O hospital também deve responsabilizar-se por fornecer à mulher informações legais sobre seus direitos e outras relevantes, facilitação do registro de ocorrência e encaminhamentos ao IML e a delegacias especializadas.

São medidas de fácil acesso para possibilitar à mulher vítima de abusos dessa natureza ser amparada após um momento que a expõe a uma condição extremamente debilitante e ultrajante.

6.7 Trajetória da mulher nas políticas públicas

A trajetória da mulher na sociedade brasileira é constituída de luta e superação de estereótipos construídos e fortalecidos pelo patriarcado, tendo como forma estrutural a lógica da dominação do homem. Sua consolidação na sociedade perpassa pelas relações sociais concretas.

> Dentre essas relações que dão base à estruturação do patriarcado, destacamos: 1) as relações sociais de sexo/sexualidade; 2) a constituição da família heteropatriarcal-monogâmica associada ao controle sobre a subjetividade e o corpo (e seus produtos, como controle da procriação e a criminalização do aborto) da mulher e do que é associado ao feminino em toda a sua heterogeneidade de expressão; 3) a divisão sexual e racial do trabalho; 4) da violência contra a mulher e a população LGBT. (Cisne; Santos, 2018, p. 45)

Segundo Cisne e Santos (2018), todo o processo de estruturação patriarcal deve ser considerado não natural, pois está embasado na opressão, ocasionando relações humanas antagônicas, gerando violação de direitos e hierarquização entre sexos e provocando um desequilíbrio social, já que o patriarcado sustenta-se pela tese do poder e do medo.

A divisão sexual do trabalho, por exemplo, faz parte da hierarquização entre sexo que ocasiona a assimetria e fortalece a dominação capitalista na lógica heteropatriarcal e racista. "Nessa perspectiva, partimos da premissa marxiana de que toda ideologia dominante possui uma base material, afinal, não são as ideias que determinam a realidade, mas, ao contrário, é a realidade que determina o pensamento, como nos ensinam Marx e Engels [...]" (Cisne; Santos, 2018, p. 188)

É indispensável romper com a visão conservadora da sociedade para que seja possível abarcar a visão reflexiva e crítica da expressão da questão social contemporânea, propiciando, assim, a equidade social.

O enfrentamento da ideologia heteropatriarcal e racial é extremamente funcional ao capital. Por isso a luta árdua do movimento feminista, que busca apropriar-se de forma significativa dos espaços que antes eram negados nas relações sociais.

> A divisão sexual do trabalho possui um enraizamento tão presente nas relações sociais e com um significativo poder ideológico de parecer natural que se espraia desde a infância, por meio de uma divisão sexual dos brinquedos e brincadeiras, passando pela organização e gestão de força de trabalho e, ainda, na divisão sexual de política e do poder. (Cisne; Santos, 2018, p. 65)

A divisão sexual do trabalho é uma forma historicamente construída e adaptada à sociedade, decorrente das relações sociais de sexo. Muito embora legalmente esteja estabelecido que todos são iguais perante a lei, quando do ingresso da mulher no mercado de trabalho, passamos longe da justiça social e de igualdade. Isso aflora o desequilíbrio e distancia o ideal exercício de cidadania.

> Como podemos identificar, assim como o sexo, a sexualidade, mais precisamente a orientação sexual, é componente da divisão sexual do trabalho. Da mesma forma, as chamadas identidades de sexo/gênero também promovem mediações na estrutura dessa divisão sexual do trabalho. Assim é que travestis e trans, por exemplo, também são aceitas em determinadas profissões. Notemos que todas as "transgressões" vão associar-se a profissões também consideradas femininas, logo, socialmente desvalorizadas. (Cisne; Santos, 2018, p. 66)

Ademais, refletir sobre a divisão sexual do trabalho propiciará a compreensão dos desafios para elucidar a desigualdade social que permeou no passado e ainda está presente na contemporaneidade.

Esse debate vai além do que é possível captar no contexto da sociedade e exige a habilidade de compreender outras questões existentes, como o sexismo e o racismo. "Por sua vez, a articulação entre a divisão racial do trabalho com a dimensão de classe permite-nos entender não apenas as diferenças, mas também as desigualdades entre mulheres" (Cisne; Santos, 2018, p. 67).

Esse amplo contexto social provoca questionamentos acerca das polaridades existentes na divisão sexual do trabalho, reivindicando reflexões que possam gerar debates para ultrapassar o limite imposto pelo patriarcado. Tais questões devem ser estudadas profundamente com o intuito de compreender a importância de lutar pelos direitos constitucionais.

É importante reforçar que as mulheres negras ainda sofrem mais violações de direitos em diferentes âmbitos da sociedade do que as mulheres brancas. O preconceito racial na contemporaneidade deixa-as em situações de precarização e desvantagem social. "A mulher negra, portanto, inserida em relações patriarcais e racistas, encontra-se na pior escala social, ocupando, por exemplo, os postos de trabalho mais precarizados e mal remunerados, e expostas a maiores situações de violências [...]" (Cisne; Santos, 2018, p. 68).

As reivindicações por igualdade de direitos nas esferas pública e privada continuam repercutindo profundamente nos movimentos organizados para a equiparação de direitos em diferentes momentos da história.

Diariamente, as mulheres enfrentam uma realidade conflituosa, que requer luta para disseminar a assimetria de gênero geradora da desigualdade e violadora dos direitos fundamentais.

A autora Lygia Fagundes Telles, em sua obra *História das mulheres no Brasil*, faz uma reflexão acerca do contexto histórico no qual a mulher está inserida, citando Norberto Bobbio: "A revolução da mulher foi a mais importante revolução do século XX", reforçando que foi na Segunda Grande Guerra que essa revolução se fortaleceu (Del Priori, 2017).

Nesse momento, a invisibilidade da mulher começa a ser percebida, crescendo o sentimento de resiliência feminina na busca de um novo olhar crítico para a sociedade, possibilitando o exercício da dialética para a reflexão dos papéis sociais masculinos e femininos.

> Muitas mulheres, trabalhadoras e, especialmente, as feministas, têm lutado nas últimas três décadas pela construção de uma esfera pública democrática. Elas querem afirmar a questão feminina e assegurar a conquista de direitos que se referem à condição da mulher. Por isso mesmo, é importante que possamos estabelecer as pontes que ligam as experiências da história recente com as do passado, acreditando que nos acercamos de um porto seguro e nos fortalecemos para enfrentar os inúmeros problemas do presente. (Rago, 2017, p. 604)

É relevante estabelecer a conexão com as experiências históricas, pois elas suscitam debates pertinentes à realidade atual para sustentar que homens e mulheres podem viver em uma sociedade justa e igualitária. A diversidade humana se concretizará quando a sociedade estiver livre de preconceitos, discriminações e quando cada ser humano puder reconhecer-se como sujeito de direitos e de deveres. Quando o Estado assumir sua responsabilidade constitucional para equiparar direitos e o pleno exercício da cidadania, as relações sociais serão fortalecidas com a incorporação intrínseca dos direitos humanos.

6.8 Política Nacional de Atenção Integral à Saúde da Mulher

Tendo como base uma publicação do Instituto Brasileiro de Geografia e Estatística (IBGE, 2019), elaboramos a Tabela 6.1 para fazer uma análise comparativa entre a população brasileira por sexo e idade. Verificamos que a projeção de vida da mulher em relação ao homem entre 2010 e 2020 traduz uma ampliação do número de mulheres em comparação ao de homens. Outro dado importante é quanto à faixa etária: conforme ela avança, o número de mulheres é superior ao de homens.

Tabela 6.1 – População por grupos etários: projeção da população do Brasil por sexo e idade para o período de 2010-2020

Grupo Etário	Homens	Mulheres	Homens	Mulheres
	2010		2020	
Total	95.513.298	99.377.384	103.527.689	108.228.003
0-4	7.594.516	7.263.764	7.536.789	7.193.522
5-9	8.094.637	7.770.558	7.491.634	7.158.677
10-14	8.842.587	8.554.717	7.563.501	7.241.977
15-19	8.673.836	8.545.250	8.042.202	7.748.661
20-24	8.746.116	8.730.663	8.712.945	8.520.321
25-29	8.574.606	8.759.504	8.484.394	8.501.472
30-34	7.821.287	8.134.662	8.532.944	8.672.472
35-39	6.857.527	7.217.581	8.347.421	8.679.124
40-44	6.405.478	6.778.692	7.574.836	8.028.138
45-49	5.768.516	6.223.923	6.576.419	7.076.085
50-54	4.900.002	5.376.771	6.041.008	6.576.796
55-59	3.954.821	4.432.743	5.306.101	5.951.176
65-69	2.253.998	2.651.990	3.337.000	4.012.244
70-74	1.689.818	2.102.224	2.398.778	3.009.885
75-79	1.105.206	1.492.784	1.542.105	2.072.284
80-84	677.628	1.011.816	952.619	1.413.939
85-89	314.944	515.585	471.252	788.078
90+	155.814	299.377	265.178	549.987

Fonte: Elaborado com base em IBGE, 2019.

Mais um dado relevante diz respeito à região de concentração da população. De acordo com a projeção do IBGE (2019), "pouco mais da metade da população brasileira (57,0% ou 118,9 milhões de habitantes) vive em apenas 5,7% dos municípios (317), que são aqueles com mais de 100 mil habitantes".

Assim, para discutir e elaborar as política públicas, devem-se considerar tais dados, pois eles indicam como e de que maneira investir. Com relação à política de saúde da mulher, não pode ser diferente, embora haja a necessidade de outros indicadores, como as questões do gênero e da violência, que desperta na contemporaneidade um novo olhar para as políticas públicas em geral.

Em 2004, o SUS estabeleceu a Política Nacional de Atenção Integral à Saúde da Mulher, construída em parceria com os movimentos de mulheres para trazer à luz discussões sobre a saúde da mulher, que vão além das condições reprodutivas ou sexual, contemplando aspectos como diversidades regionais de nosso país, socioculturais, de gênero, violência doméstica ou sexual, prevenção do câncer de mama, entre outros.

A mulher procura mais o serviço de saúde do que os homens – para tratamento da própria saúde ou de seus filhos. Isso decorre muito de fatores culturais, mas também do agravamento de sua saúde em razão da discriminação nas relações de trabalho, além da sobrecarga a que é exposta pela dupla jornada, pois, na grande maioria das vezes, é da mulher a responsabilidade das atividades domésticas.

6.8.1 Saúde: direito do cidadão

Para discutirmos a construção do cuidado integral à saúde da mulher, precisamos levar em consideração o processo sócio-histórico da evolução das políticas públicas a partir da Constituição Federal de 1988, que estabelece, em seu art. 196: "A saúde é direito de todos e dever do Estado, garantido mediante políticas sociais e econômicas que visem à redução do risco de doença e de outros agravos e ao acesso universal e igualitário às ações e serviços para sua promoção, proteção e recuperação" (Brasil, 1988).

Assim, saúde é um direito do cidadão e obrigação do Estado, garantido constitucionalmente, devendo ser provida por meio da política pública de saúde, não só curativa, mas também preventiva, de promoção e proteção, com a eliminação ou redução dos riscos, cujo acesso deve ser universal e igualitário.

A regulamentação para implantação do SUS ocorreu pela Lei n. 8.080, de 19 de setembro de 1990, que dispõe sobre as condições para a promoção, proteção da saúde, a organização e o funcionamento dos serviços correspondentes, e pela Lei n. 8.142, de 28 de dezembro de 1990, que dispõe sobre a participação da comunidade na gestão do SUS e sobre as transferências intergovernamentais de recursos financeiros na área da saúde, cumprindo o que dispõe o art. 197 da Constituição Federal: "São de relevância pública as ações e serviços de saúde, cabendo ao poder público dispor, nos termos da lei, sobre sua regulamentação, fiscalização e controle, devendo sua execução ser feita diretamente ou através de terceiros e, também, por pessoa física ou jurídica de direito privado" (Brasil, 1988).

As políticas públicas, de forma geral, estão previstas em princípios constitucionais, regulamentados por legislação infraconstitucional: universalidade, equidade, descentralização, gratuidades, entre outros princípios.

Temos, ainda, entre as normas constitucionais, o disposto no parágrafo 7º do art. 226:

> Fundado nos princípios da dignidade da pessoa humana e da paternidade responsável, o planejamento familiar é livre decisão do casal, competindo ao Estado propiciar recursos educacionais e científicos para o exercício desse direito, vedada qualquer forma coercitiva por parte de instituições oficiais ou privadas. (Brasil, 1988)

Dignidade significa o modo ou a forma como uma pessoa procede. Está relacionada à distinção, ao respeito, aos valores morais. Na Constituição Federal, é um dos princípios fundamentais e supõe o respeito aos direitos e aos deveres dos cidadãos brasileiros, para que se garanta uma vida digna, tendo o Estado a obrigação de cumprir esses preceitos constitucionais mediante projetos, ações e legislações.

6.8.2 Saúde da mulher como política pública

Para entendermos melhor a importância da integralidade da política de atenção à saúde da mulher, destacamos que "a atenção integral à mulher refere-se a um conjunto de ações de promoção, proteção, assistência e recuperação da saúde, executadas nos diferentes níveis de atenção à saúde" (Brasil, 2004).

Portanto, a política pública deve estabelecer diretrizes e princípios relativos à saúde da mulher, incluindo ações educativas e preventivas, além do tratamento e da recuperação da saúde. Cabe a essa política disciplinas a integralidade, tanto na atenção quanto na prevenção e na promoção, dos direitos sexuais e reprodutivos e do planejamento familiar, com um novo olhar para a questão de gênero, principalmente na prevenção e no tratamento de doenças sexualmente transmissíveis.

Os serviços de saúde precisam contar com uma política de acolhimento da mulher vítimas de violência, doméstica ou sexual, por meio de um atendimento humanizado na rede do SUS, independentemente da faixa etária. É necessário disponibilizar um espaço de atendimento nas unidades de saúde para que as mulheres tenham acesso à profilaxia após exposição à violência sexual, prevenindo a contaminação por doenças sexualmente transmissíveis, bem como tenham acesso à pílula do dia seguinte, evitando uma gestação indesejada. Isso tudo de forma emergencial, propiciando o atendimento em sua integralidade.

Apesar da evolução da política de atenção à saúde da mulher, verificamos que alguns indicadores demonstram que ainda permanecem as desigualdades na qualidade dos serviços prestados. Isso decorre da questão de território ou de gênero, da falta de informação ou de divulgação ou, ainda, da postura discriminatória de seus executores.

A preocupação em criar uma política voltada à saúde da mulher existe desde meados do século XX. A importância da temática levou à busca por uma política que fosse de fato pública e que possibilitasse a alteração das desigualdades na assistência à saúde, sendo esta oferecida de forma gratuita, conforme preceitua a Constituição Federal. A saúde da mulher tem diversas particularidades e, por isso, requer atenção especial. Um exemplo diz respeito aos diversos tipos de câncer, ao qual as mulheres são mais suscetíveis do que os homens, principalmente de mama e de útero, além de outras doenças consideradas como crônicas.

Com relação aos direitos reprodutivos e de planejamento familiar, a questão da mortalidade materna e a precariedade da atenção obstétrica são preocupantes, tendo em vista que muitas mulheres não realizam o acompanhamento pré-natal, seja por descuido, seja por falta de acesso, seja pela precariedade dos serviços oferecidos, além do risco da realização do aborto em condições precárias.

As mulheres também estão em um grupo de risco de doenças sexualmente transmissíveis por serem as maiores vítimas – em razão da realidade sócio-histórica que permeia o Brasil – de violência sexual.

Portanto, é necessário um olhar mais crítico a esses indicadores quando da construção ou da implementação das políticas públicas e de atenção à saúde da mulher.

Na Portaria n. 204, de 17 de fevereiro de 2016, temos definida a Lista Nacional de Notificação Compulsória de doenças, agravos e eventos de saúde pública nos serviços de saúde públicos e privados em todo o território nacional (Brasil, 2016a). Entre as notificações possíveis estão a violência doméstica, a violência sexual e a tentativa de suicídio. Estas se tornaram compulsórias, indicando aos órgãos os prazos estabelecidos para a notificação, conforme Tabela 6.2.

Tabela 6.2 – Recorte da Lista Nacional de Notificação Compulsória constante na Portaria n. 204/2016

Nº	DOENÇA OU AGRAVO (Ordem alfabética)	Periodicidade de notificação			
		Imediata (até 24 horas) para*			Semana*
		MS	SES	SMS	
	[...]				
48	a. Violência doméstica e/ou outras violências				x
	b. Violência sexual e tentativa de suicídio			x	

* Informação adicional: Notificação imediata ou semanal seguirá o fluxo de compartilhamento entre as esferas de gestão do SUS estabelecido pela SVS/MS [Secretaria de Vigilância em Saúde]/Ministério da Saúde]; Legenda: MS (Ministério da Saúde), SES (Secretaria Estadual de Saúde) ou SMS (Secretaria Municipal de Saúde) A notificação imediata no Distrito Federal é equivalente à SMS.
Fonte: Brasil, 2016.

Vale ressaltar as particularidades quanto à saúde de mulheres adolescentes/jovens, no climatério ou na menopausa e à saúde das mulheres lésbicas, negras, indígenas e das mulheres em situação de prisão, que devem ser analisadas em situações e momentos da vida com características próprias.

Entre as décadas de 1980 e 1990, foi elaborado o Programa Assistência Integral à Saúde da Mulher – PAISM, cujos princípios e diretrizes foram construídos respeitando as características da política de saúde em construção, ou seja, o SUS, que previa a municipalização e a reorganização dos serviços de saúde. Seu objetivo era reduzir a morbimortalidade materna e infantil. Considerando o grande número de municípios, enfrentou problemas quanto à efetiva garantia de acesso das mulheres à política de atenção e saúde.

Também buscando dar respostas aos problemas enfrentados, em 2001, o Ministério da Saúde editou uma Norma Operacional de Assistência à Saúde – NOAS, cujo objetivo era estabelecer a ampliação das responsabilidades dos municípios quanto à atenção básica e à regionalização da política de assistência à saúde, além de fortalecimento dessa nova política.

Após a avaliação da equipe técnica sobre avanços e possíveis retrocessos, no mês de maio de 2004, o Ministério da Saúde lançou a Política Nacional de Atenção Integral à Saúde da Mulher, cujos princípios e diretrizes são subsidiados pela proposição do SUS na perspectiva da integralidade.

6.8.3 Diretrizes

Entre as diretrizes da Política Nacional de Atenção Integral à Saúde da Mulher, selecionamos três que acreditamos ser de grande importância para que se efetivem as necessidades das mulheres de nosso país, principalmente quanto à questão de gênero, etnia e raça.

1. "O Sistema Único de Saúde deve estar orientado e capacitado para a atenção integral à saúde da mulher, numa perspectiva que contemple a promoção da saúde, as necessidades de saúde da população feminina, o controle de patologias mais prevalentes nesse grupo e a garantia do direito à saúde" (Brasil, 2011b, p. 63).
2. A política estabelece que deve haver orientação e capacitação ao sistema de saúde para que possa ser oferecida à população feminina a promoção da saúde, o que significa a prevenção e o controle das patologias em que essa população se enquadra como a mais vulnerável. "A elaboração, a execução e a avaliação das políticas de saúde da mulher deverão nortear-se pela perspectiva de gênero, de raça e de etnia, e pela ampliação do

enfoque, rompendo-se as fronteiras da saúde sexual e da saúde reprodutiva, para alcançar todos os aspectos da saúde da mulher" (Brasil, 2011b, p. 63).

De fato, quando pensamos na formulação, na execução ou na avaliação da política de saúde da mulher, não podemos fazê-lo sem atentarmos para a questão do gênero, da raça e da etnia, ampliando a visão e o enfoque com relação a essa política para que, assim, seus objetivos sejam alcançados.

3. Outra diretriz de grande importância é: "A gestão da Política de Atenção à Saúde deverá estabelecer uma dinâmica inclusiva, para atender às demandas emergentes ou demandas antigas, em todos os níveis assistenciais" (Brasil, 2011b, p. 63). Isso quer dizer que, assim como todas as demais políticas, a de saúde deve ser inclusiva e preocupar-se com os problemas de saúde já postos, mas também os que emergirem no cotidiano de sua execução.

6.8.4 Objetivos

Os objetivos da Política Nacional de Atenção Integral à Saúde da Mulher subdividem-se em gerais e específicos. Os específicos são acompanhados das respectivas estratégias.

6.8.4.1 Objetivos gerais

Os objetivos gerais apresentam, forma sucinta, as ideias centrais dessa política, conforme verificamos a seguir.

"Promover a melhoria das condições de vida e saúde das mulheres brasileiras, mediante a garantia de direitos legalmente constituídos e ampliação do acesso aos meios e serviços de

> promoção, prevenção, assistência e recuperação da saúde em todo território brasileiro" (Brasil, 2011b, p. 67).

Esse objetivo visa ampliar as condições de acesso à saúde das mulheres com a garantia de direitos, não só na promoção e na recuperação da saúde, mas também na prevenção, ampliando, dessa forma, a concepção de saúde.

> "Contribuir para a redução da morbidade e mortalidade feminina no Brasil, especialmente por causas evitáveis, em todos os ciclos de vida e nos diversos grupos populacionais, sem discriminação de qualquer espécie" (Brasil, 2011b, p. 67).

Os dois objetivos têm relação entre si. Assim, quando se amplia o conceito de saúde, amplia-se também a forma de acesso às ações e aos serviços de saúde e, consequentemente, a busca pela redução da morbidade e da mortalidade, especialmente quando as causas poderiam ser evitadas, independentemente de faixa etária, gênero, raça e etnia.

> "Ampliar, qualificar e humanizar a atenção integral à saúde da mulher no Sistema Único de Saúde" (Brasil, 2011b, p. 67).

Esse objetivo diz respeito à humanização no atendimento integral à saúde da mulher, assim como sua ampliação e a melhoria na qualidade dos serviços oferecido no âmbito do SUS.

6.8.4.2 Objetivos específicos e respectivas estratégias

Os objetivos específicos estão relacionados diretamente aos gerais, mas detalham os processos necessários à implantação, à implementação e à execução da referida política, sendo acompanhados das respectivas estratégias. Conheça, a seguir, os

14 objetivos específicos e as 39 estratégias relacionadas (Brasil, 2011b, p. 69-72, grifos do original).

Ampliar e qualificar a atenção clínico-ginecológica, inclusive para as portadoras da infecção pelo HIV e outras DST:

– fortalecer a atenção básica no cuidado com a mulher;

– ampliar o acesso e qualificar a atenção clínico-ginecológica na rede SUS.

Estimular a implantação e implementação da assistência em planejamento familiar, para homens e mulheres, adultos e adolescentes, no âmbito da atenção integral à saúde:

– ampliar e qualificar a atenção ao planejamento familiar, incluindo a assistência à infertilidade;

– garantir a oferta de métodos anticoncepcionais para a população em idade reprodutiva;

– ampliar o acesso das mulheres às informações sobre as opções de métodos anticoncepcionais;

– estimular a participação e inclusão de homens e adolescentes nas ações de planejamento familiar.

Promover a atenção obstétrica e neonatal, qualificada e humanizada, incluindo a assistência ao abortamento em condições inseguras, para mulheres e adolescentes:

– construir, em parceria com outros atores, um Pacto Nacional pela Redução da Mortalidade Materna e Neonatal;

– qualificar a assistência obstétrica e neonatal nos estados e municípios;

– organizar rede de serviços de atenção obstétrica e neonatal, garantindo atendimento à gestante de alto risco e em situações de urgência/emergência, incluindo mecanismos de referência e contrarreferência;

– fortalecer o sistema de formação/capacitação de pessoal na área de assistência obstétrica e neonatal;

– elaborar e/ou revisar, imprimir e distribuir material técnico e educativo;

– qualificar e humanizar a atenção à mulher em situação de abortamento;

– apoiar a expansão da rede laboratorial;

– garantir a oferta de ácido fólico e sulfato ferroso para todas as gestantes;

– melhorar a informação sobre a magnitude e tendência da mortalidade materna.

Promover a atenção às mulheres e adolescentes em situação de violência doméstica e sexual:

– organizar redes integradas de atenção às mulheres em situação de violência sexual e doméstica;

– articular a atenção à mulher em situação de violência com ações de prevenção de DST/aids;

– promover ações preventivas em relação à violência doméstica e sexual.

Promover, conjuntamente com o PN-DST/AIDS, a prevenção e o controle das doenças sexualmente transmissíveis e da infecção pelo HIV/aids na população feminina:

– prevenir as DST e a infecção pelo HIV/aids entre mulheres;

– ampliar e qualificar a atenção à saúde das mulheres vivendo com HIV e aids.

Reduzir a morbimortalidade por câncer na população feminina:

– organizar em municípios polos de microrregiões redes de referência e contrarreferência para o diagnóstico e o tratamento de câncer de colo uterino e de mama;

– garantir o cumprimento da Lei Federal que prevê a cirurgia de reconstrução mamária nas mulheres que realizaram mastectomia;

– oferecer o teste anti-HIV e de sífilis para as mulheres incluídas no Programa Viva Mulher, especialmente aquelas com diagnóstico de DST, HPV e/ou lesões intraepiteliais de alto grau/ câncer invasor.

Implantar um modelo de atenção à saúde mental das mulheres sob o enfoque de gênero:

– melhorar a informação sobre as mulheres portadoras de transtornos mentais no SUS;

– qualificar a atenção à saúde mental das mulheres;

– incluir o enfoque de gênero e de raça na atenção às mulheres portadoras de transtornos mentais e promover a integração com setores não governamentais, fomentando sua participação nas definições da política de atenção às mulheres portadoras de transtornos mentais. Implantar e implementar a atenção à saúde da mulher no climatério:

– ampliar o acesso e qualificar a atenção às mulheres no climatério na rede SUS.

Promover a atenção à saúde da mulher na terceira idade:

– incluir a abordagem às especificidades da atenção à saúde da mulher na Política de Atenção à Saúde do Idoso no SUS;

– incentivar a incorporação do enfoque de gênero na Atenção à Saúde do Idoso no SUS.

Promover a atenção à saúde da mulher negra:

– melhorar o registro e produção de dados;

– capacitar profissionais de saúde;

– implantar o Programa de Anemia Falciforme (PAF/MS), dando ênfase às especificidades das mulheres em idade fértil e no ciclo gravídico-puerperal;

– incluir e consolidar o recorte racial/étnico nas ações de saúde da mulher, no âmbito do SUS;

– estimular e fortalecer a interlocução das áreas de saúde da mulher das SES e SMS com os movimentos e entidades relacionados à saúde da população negra.

Promover a atenção à saúde das trabalhadoras do campo e da cidade:

– implementar ações de vigilância e atenção à saúde da trabalhadora da cidade e do campo, do setor formal e informal;

– introduzir nas políticas de saúde e nos movimentos sociais a noção de direitos das mulheres trabalhadoras relacionados à saúde.

Promover a atenção à saúde da mulher indígena:

– ampliar e qualificar a atenção integral à saúde da mulher indígena.

Promover a atenção à saúde das mulheres em situação de prisão, incluindo a promoção das ações de prevenção e controle de doenças sexualmente transmissíveis e da infecção pelo HIV/aids nessa população:

– ampliar o acesso e qualificar a atenção à saúde das presidiárias.

Fortalecer a participação e o controle social na definição e implementação das políticas de atenção integral à saúde das mulheres:

– promover a integração com o movimento de mulheres feministas no aperfeiçoamento da política de atenção integral à saúde da mulher.

A atenção integral à saúde das mulheres requer visão ampliada de suas beneficiárias e estratégias que possibilitem a equidade no acesso a uma política de qualidade e com atendimento humanizado, sem discriminação, nos diversos ciclos de vida, da mulher trabalhadora do campo ou da cidade, na questão da saúde mental ou de gênero, entre outras especificidades.

Os objetivos específicos prescrevem os valores e as finalidades a serem alcançados pela política de saúde, ou seja, determinam seu foco, sendo necessário, para cada objetivo, pelo menos uma estratégia relacionada. Estas determinam meios de ação para que seus objetivos sejam alcançados.

Assim, a Política Nacional de Atenção Integral à Saúde da Mulher, ao estabelecer objetivos e respectivas estratégias, busca consolidar os avanços alcançados na área com relação a direitos sexuais e reprodutivos, planejamento familiar e melhoria da atenção obstetrícia, além da prevenção e do tratamento para portadoras de HIV/AIDS, abrangendo a saúde de mulheres adolescentes/jovens, daquelas no climatério, das mulheres lésbicas, negras, indígenas ou, ainda, em situação de prisão. Tudo isso norteado pelos princípios da universalização, da equidade, da integralidade, da regionalização e da hierarquização do SUS, o qual deve respeitar a diversidade que permeia nosso país.

Síntese

Neste capítulo, conhecemos os desdobramentos da evolução dos direitos da mulher na legislação brasileira por meio de pontos relevantes ao longo dos anos no ordenamento jurídico brasileiro, partindo do Código Civil de 1916. Verificamos as lutas femininas que culminaram nas mudanças na legislação eleitoral, com o consequente direito ao voto e os impactos no sentido de diminuição da discriminação com o advento do Estatuto da Mulher Casada, os novos parâmetros estabelecidos pelo princípio da igualdade constante na Constituição de 1967 e a Lei do Divórcio de 1977. Na sequência dos fatos históricos, aproximamo-nos da atualidade ao destacar pontos significantes da atual Constituição Federal de 1988 até as Leis Maria da Penha, do Feminicídio e do Minuto Seguinte.

Podemos concluir que a lei evolui com a sociedade, sendo essa sua finalidade essencial, ou seja, para que os sistemas legais continuem a atender às demandas sociais, devem ser continuamente lapidados, de modo a se adequar à realidade, para garantir segurança, proteção e eficácia. O conhecimento de seu desenvolvimento nos torna hábeis a contextualizar o futuro das leis e das políticas públicas.

Questões para revisão

1. Acerca do Estatuto da Mulher Casada, assinale a alternativa correta:
   a) Alterou diversos artigos do Código Penal da época.
   b) Iniciou o movimento legislativo de equiparação entre o homem e a mulher no casamento, de modo a aliviar as desigualdades.
   c) Confirmou a condição das mulheres como relativamente incapazes.
   d) Permitiu aos maridos, se desejassem, incluir ao seu o sobrenome da mulher.

2. A Lei do Divórcio, Lei n. 6.515/1977, é até hoje considerada um grande avanço na proteção à mulher e à família. Nesse sentido, assinale a alternativa correta:
   a) Essa lei regulamentou a união estável, favorecendo as pessoas que vivessem nessa situação.

b) O grande avanço dessa lei foi a criação da separação de corpos.
c) Com essa lei surgiu, em nosso ordenamento jurídico, o termo *desquite*.
d) Essa lei concedeu a possibilidade de um novo casamento.

3. A Lei n. 11.340/2006, conhecida como *Lei Maria da Penha*, tem como finalidade:
    a) estabelecer mecanismos para coibir a violência doméstica contra a mulher.
    b) instituir as Delegacias da Mulher.
    c) aumentar o tempo de prisão em casos de violência doméstica.
    d) regulamentar o crime de feminicídio.

4. A expressão "Todos são iguais perante a lei" apareceu pela primeira vez em qual Constituição brasileira?

5. A proibição da diferença de salários por motivo de sexo está prevista em qual norma brasileira?

Questões para reflexão

1. Passados mais de 30 anos da elaboração da Constituição Federal de 1988, você acredita que os direitos relativos à proteção da mulher estão desatualizados?

2. Em sua opinião, o feminicídio, ao entrar para o rol dos crimes hediondos, resulta efetivamente em uma redução nos números de homicídio contra a mulher?

Para saber mais

FERRAZ, C. V.; LEITE, G. S. (Coord.). **Manual dos direitos da mulher**. São Paulo: Saraiva, 2012.

Os autores tratam de temas como direito à igualdade, direitos sexuais e reprodutivos, direito à saúde, à educação e ao próprio corpo. Temas de maior polêmica, como a descriminalização do aborto, também são discutidos, entre outros assuntos igualmente alinhados à proposta central.

DALLARI, D. A. **Os direitos da mulher e da cidadã**. São Paulo: Saraiva, 2016.

Nessa obra, o eminente jurista Dalmo de Abreu Dallari traz à luz Olímpia de Gouges, personagem que viveu na França à época da Revolução Francesa e que foi figura central dos primórdios da luta pelo reconhecimento dos direitos da mulher.

ACORDA, Raimundo... acorda. 15 min. Disponível em: <https://www.youtube.com/watch?v=HvQaqcYQyxU>. Acesso em: 19 out. 2019.

Um curta-metragem lançado em 1990, com direção de Alfredo Alves, de aproximadamente 15 minutos, discute a inversão dos papéis sociais do homem e da mulher diante da divisão sexual de trabalho.

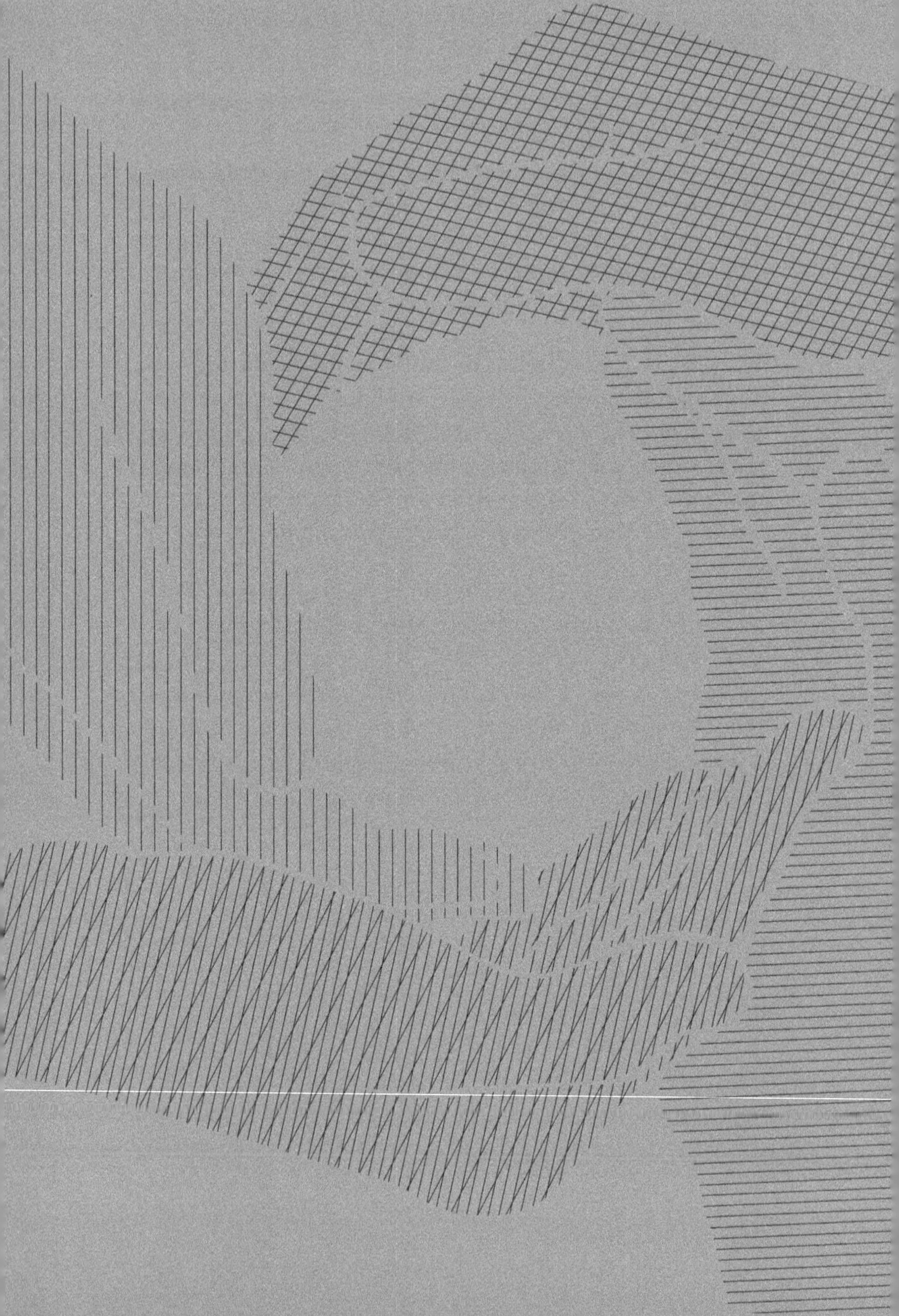

Considerações finais

Esta obra não tem a pretensão de esgotar o vasto tema da política de seguridade social. O objetivo é provocar um olhar reflexivo, notadamente acerca da política de seguridade social brasileira para a criança, o adolescente e a mulher, valendo-se do ordenamento jurídico pátrio para a reflexão com criticidade.

A política de seguridade social no Brasil tem um histórico arraigado de ausência de direitos, pois, somente com a promulgação da Constituição Federal de 1988, houve a consolidação dos direitos sociais em todo território nacional. Essa política nasce imersa em um contexto de desigualdade social no país, provocando desafios à incorporação de procedimentos que permitam a participação da sociedade civil organizada, bem como a aplicação de um processo que atenda às expectativas vigentes instituídas na Carta Magna.

Ademais, no tocante à política de atendimento, atenção e defesa dos direitos da criança e do adolescente, o Estatuto da Criança e do Adolescente – ECA, promulgado em 13 de julho de 1990, é uma lei inovadora e reafirma os direitos de proteção integral e uma mudança do paradigma da situação irregular. Contudo, ainda não conseguiu garantir que a infância e a juventude tenham acesso à proteção integral, em razão de um enorme desconhecimento do que preconiza essa legislação, necessitando de maior divulgação e educação da sociedade sobre seu conteúdo e sua importância.

É necessário maior investimento público nas políticas de atendimento e atenção às crianças e aos adolescentes, além de maior participação da sociedade civil e maior responsabilização dos pais quanto aos cuidados, à proteção e ao desenvolvimento físico, psicológico, moral e social dessa população.

No que se refere à evolução dos direitos da mulher na legislação brasileira, vale destacar que a garantia do direito de votar e ser votada, o fato de não necessitar mais de autorização do marido para trabalhar ou viajar, entre outros, foram reconhecidos na Constituição de 1946. Somente na Constituição da República de 1988 é que foi estabelecido que todos são iguais perante a lei e que homens e mulheres são iguais em direitos e obrigações, inclusive no poder familiar.

Mesmo com a evolução de direitos previstos na Carta Magna de 1988, ainda nos dias atuais, um fato a se destacar é que muitas mulheres continuam sofrendo com a violência física, psicológica, sexual e moral, sendo necessária a tutela jurídica criminal com a Lei n. 11.340/2006, que ficou conhecida como *Lei Maria da Penha*. Essa lei trouxe mecanismos para coibir a violência doméstica e familiar contra a mulher, assim como medidas de assistência e proteção às mulheres em situação de violência doméstica e familiar.

Muito embora seja considerada um avanço e traga diretrizes que orientam a política nacional de enfrentamento à violência contra as mulheres, cremos que é importante avançar em diversos aspectos, seja no campo legislativo, seja no tocante às políticas públicas, a fim de evitar que mulheres continuem sendo vítimas de violência.

Os direitos constitucional e administrativo têm papel de suma relevância para a superação do conservadorismo ainda arraigado na sociedade. Como estão dispostos no ordenamento jurídico, contribuem para o fortalecimento das bases organizacionais para a efetivação dos direitos sociais.

Na relação entre a política de seguridade social e os princípios dos direitos constitucional e administrativo, ocorre o fortalecimento para a implementação dos direitos sociais, pois somente na Constituição de 1988 foram garantidos os direitos primordiais para respeitar a dignidade da pessoa humana.

É público e notório que, em que pesem os avanços previstos na Carta Magna, o Estado ainda não cumpre com seu objetivo maior, seja por falta de interesse da Administração Pública, seja por falta de orçamento, seja por incapacidade da gestão pública em gerir corretamente os recursos públicos, de modo a dar efetividade ao texto constitucional. É seu dever atender aos interesses prioritários da infância, da adolescência, da mulher e de outros sujeitos que estejam privados de seus direitos.

Ainda nesse contexto, podemos destacar a necessidade de a sociedade civil participar nos espaços públicos e de controle social previstos constitucionalmente, ou seja, em conselhos, fóruns, conferências e outros, pois não basta haver previsão legal, mas, na prática, nada ocorrer.

Conclamamos todos, portanto, a refletir sobre a supremacia do interesse público principalmente com relação às pessoas à margem da sociedade, pois um Estado Democrático de Direito deve garantir e efetivar os direitos para todos os cidadãos, principalmente àqueles que estejam vivendo em situação de desigualdade social ou de pobreza ou que estejam com seus direitos violados.

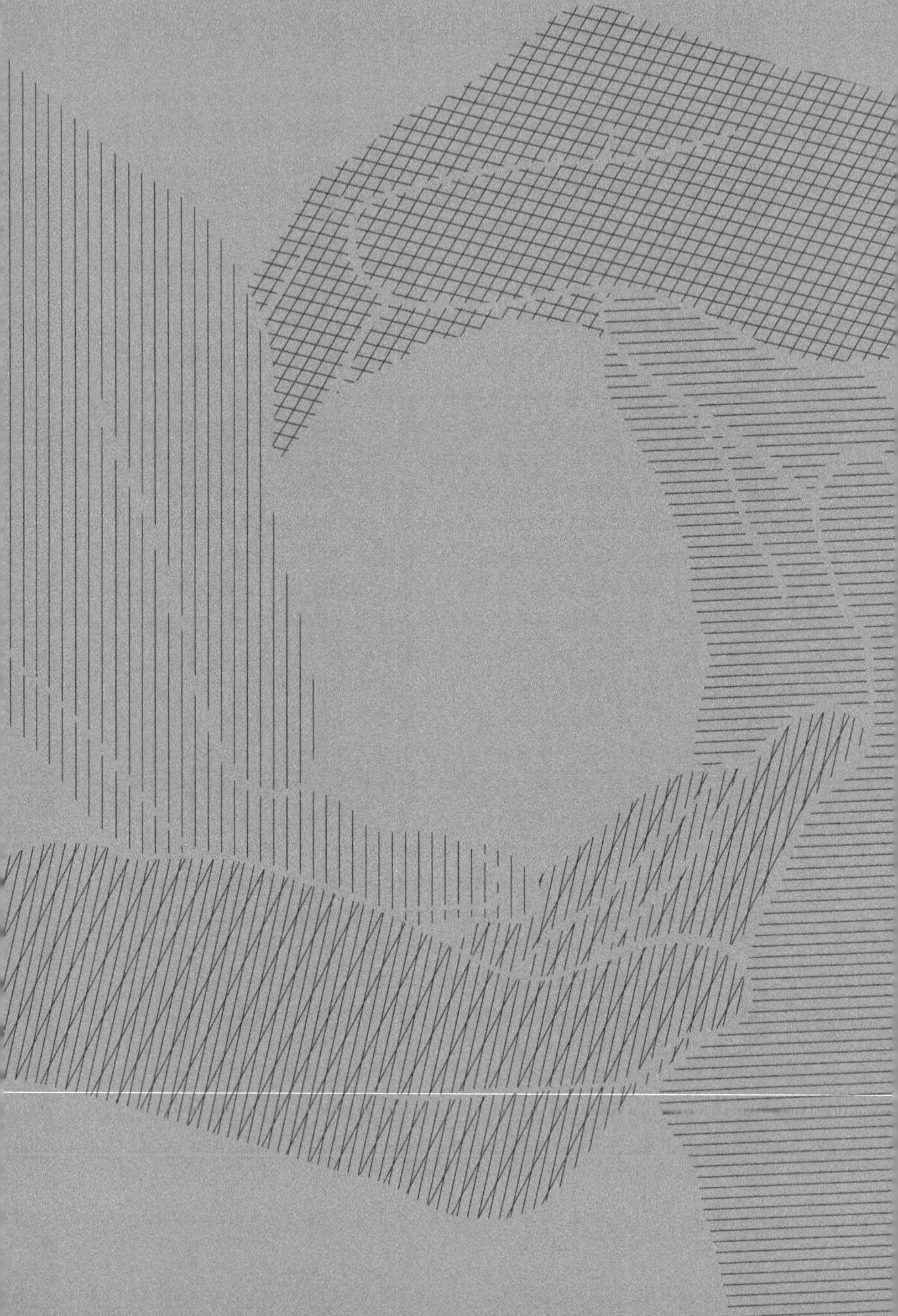

Referências

ARAÚJO, L. A. D. Princípios constitucionais, efetividade e a proteção da mulher. In: Ferraz, C. V.; Leite, G. S. (Coord.). **Manual dos direitos da mulher**. São Paulo: Saraiva, 2012.

ARAÚJO, L. A. D.; NUNES JUNIOR, V. S. **Curso de direito constitucional**. 6. ed. São Paulo: Saraiva, 2002.

ARIÈS, P. **História social da criança e da família**. 2. ed. Rio de Janeiro: Guanabara, 1986.

ÁVILA, H. **Teoria dos princípios**: da definição à aplicação dos princípios jurídicos. 10. ed. São Paulo: Malheiros, 2009.

BARROSO, L. R. **A dignidade da pessoa humana no direito constitucional contemporâneo**: a construção de um conceito jurídico à luz da jurisprudência mundial. 3. ed. Belo Horizonte: Fórum, 2014.

BINOTTO, E. et al. Descentralização político-administrativa: o caso de uma secretaria de estado. **G&DR**, Taubaté, v. 6, n. 3, p. 186-213, set./dez. 2010.

BOSCHETTI, I. **Seguridade social no Brasil**: conquistas e limites à sua efetivação. Programa de capacitação em Serviço Social: direitos sociais e competências profissionais. Brasília, UnB/CEFSS, 2009. Disponível em: <http://portal.saude.pe.gov.br/sites/portal.saude.pe.gov.br/files/seguridade_social_no_brasil_conquistas_e_limites_a_sua_efetivacao_-_boschetti.pdf>. Acesso em: 4 dez. 2019.

BRANCO, A. A. L. V.; EMILIO, G. F.; SANTOS, N. P. **Serviço social, direito e cidadania**. Curitiba: Intersaberes, 2017.

BRASIL. Constituição (1988). **Diário Oficial da União**, Brasília, DF, 5 out. 1988. Disponível em: <http://www.planalto.gov.br/ccivil_03/Constituicao/Constituicao.htm>. Acesso em: 19 out. 2019.

BRASIL. Decreto n. 99.710, de 21 de novembro de 1990. **Diário Oficial da União**, Poder Executivo, Brasília, DF, 22 nov. 1990a. Disponível em: <http://www.planalto.gov.br/ccivil_03/decreto/1990-1994/d99710.htm>. Acesso em: 19 out. 2019.

_____. Lei n. 2.040, de 28 de setembro de 1871. **Coleção das Leis do Império do Brasil**, 31 dez. 1871. Disponível em: <http://www.planalto.gov.br/ccivil_03/leis/lim/lim2040.htm>. Acesso em: 16 nov. 2019.

_____. Lei n. 3.071, de 1º de janeiro de 1916. **Diário Oficial da União**, 5 jan. 1916. Disponível em: <http://www.planalto.gov.br/ccivil_03/LEIS/L3071.htm>. Acesso em: 21 nov. 2019.

_____. Lei n. 8.069, de 13 de julho de 1990. **Diário Oficial da União**, Poder Legislativo, Brasília, DF, 16 jul. 1990b. Disponível em: <http://www.planalto.gov.br/ccivil_03/LEIS/L8069.htm>. Acesso em: 19 out. 2019.

_____. Lei n. 8.742, de 7 de dezembro de 1993. **Diário Oficial da União**, Poder Legislativo, Brasília, DF, 8 dez. 1993. Disponível em: <http://www.planalto.gov.br/ccivil_03/LEIS/L8742.htm>. Acesso em: 23 dez. 2019.

BRASIL. Lei n. 9.250, de 26 de dezembro de 1995. **Diário Oficial da União**, Poder Legislativo, Brasília, DF, 27 dez. 1995. Disponível em: < http://www.planalto.gov.br/ccivil_03/LEIS/L9250.htm>. Acesso em: 23 nov. 2019.

_____. Lei n. 9.532, de 10 de dezembro de 1997. **Diário Oficial da União**, Poder Legislativo, Brasília, DF, 11 dez. 1997. Disponível em: <http://www.planalto.gov.br/ccivil_03/leis/L9532.htm>. Acesso em: 23 nov. 2019.

_____. Lei n. 11.340, de 7 de agosto de 2006. **Diário Oficial da União**, Poder Legislativo, Brasília, DF, 8 ago. 2006a. Disponível em: <http://www.planalto.gov.br/ccivil_03/_ato2004-2006/2006/lei/l11340.htm>. Acesso em: 21 nov. 2019.

_____. Lei n. 12.435, de 6 de julho de 2011. **Diário Oficial da União**, Poder Executivo, Brasília, DF, 7 jul. 2011a. Disponível em: <http://www.planalto.gov.br/ccivil_03/_Ato2011-2014/2011/Lei/L12435.htm>. Acesso em: 23 dez. 2019.

_____. Lei n. 12.594, de 18 de janeiro de 2012. **Diário Oficial da União**, Poder Executivo, Brasília, DF, 19 jan. 2012. Disponível em: <http://www.planalto.gov.br/ccivil_03/_Ato2011-2014/2012/Lei/L12594.htm>. Acesso em: 23 dez. 2019.

_____. Lei n. 12.845, de 1º de agosto de 2013. **Diário Oficial da União**, Poder Legislativo, Brasília, DF, 2 ago. 2013. Disponível em: <http://www.planalto.gov.br/ccivil_03/_Ato2011-2014/2013/Lei/L12845.htm>. Acesso em: 23 dez. 2019.

_____. Lei n. 13.019, de 31 de julho de 2014. **Diário Oficial da União**, Poder Executivo, Brasília, DF, 1º ago. 2014. Disponível em: <http://www.planalto.gov.br/ccivil_03/_ato2011-2014/2014/lei/l13019.htm>. Acesso em: 23 dez. 2019.

_____. Lei n. 13.104, de 9 de março de 2015. **Diário Oficial da União**, Poder Legislativo, Brasília, DF, 10 mar. 2015. Disponível em: <http://www.planalto.gov.br/ccivil_03/_Ato2015-2018/2015/Lei/L13104.htm>. Acesso em: 23 dez. 2019.

BRASIL. Ministério da Saúde. Departamento de Ações Programáticas Estratégicas. **Política nacional de atenção integral à saúde da mulher**: princípios e diretrizes. Brasília, 2011b.

BRASIL. Ministério da Saúde. Portaria n. 204, de 17 de fevereiro de 2016. **Diário Oficial da União**, Brasília, DF, 2016. Disponível em: <http://bvsms.saude.gov.br/bvs/saudelegis/gm/2016/prt0204_17_02_2016.html>. Acesso em: 19 out. 2019.

BRASIL. Ministério da Saúde. Secretaria de Atenção à Saúde. Departamento de Ações Programáticas Estratégicas. **Política nacional de atenção integral à saúde da mulher**: princípios e diretrizes. Brasília, 2004.

BRASIL. Secretaria Especial dos Direitos Humanos. Conselho Nacional dos Direitos da Criança e do Adolescente. Resolução n. 113, de 19 de abril de 2006. **Diário Oficial da União**, abr. 2006b. Disponível em: <https://www.direitosdacrianca.gov.br/conanda/resolucoes/113-resolucao-113-de-19-de-abril-de-2006/view>. Acesso em: 21 nov. 2019.

_____. Resolução n. 116, de 21 de junho de 2006. **Diário Oficial da União**, jun. 2006c. Disponível em: <http://www.crianca.mppr.mp.br/arquivos/File/legis/conanda/116resol.pdf>. Acesso em: 21 nov. 2019.

CARNEIRO, E. A Lei do Ventre Livre. **Revista Afro-Ásia**, Salvador, n. 13, 1980.

CASTEL, R. **A insegurança social**: o que é ser protegido? Petrópolis: Vozes, 2005.

CISNE, M.; SANTOS, S. M. M. **Feminismo, diversidade sexual e serviço social**. São Paulo: Cortez, 2018. (Coleção Biblioteca Básica de Serviço Social).

COMERLATTO, D. et al. Gestão de políticas públicas e intersetorialidade: diálogo e construções essenciais para os conselhos municipais. **Revista Katálysis**, Florianópolis, v. 10, n. 2, p. 265-271, jul./dez. 2007. Disponível em: <http://www.scielo.br/scielo.php?pid=s1414-49802007000200015&script=sci_abstract&tlng=pt>. Acesso em: 19 out. 2019.

COUTO, I. A. P.; MELO, V. Reconstruindo a história do atendimento à infância no Brasil. In: BAZÍLIO, L. C.; EARP, M de L. S.; NORONHA, P. A. (Org.). **Infância tutelada e educação**: história, política e legislação. Rio de Janeiro: Ravil, 1998.

CURY, M. (Coord.). **Estatuto da criança e do adolescente comentado**. 12. ed. São Paulo: Malheiros, 2013.

CURY, M.; GARRIDO, P. A.; MARÇURA, J. N. **Estatuto da criança e do adolescente anotado**. 3. ed. rev. e atual. São Paulo: Revista dos Tribunais, 2002.

DELGADO, G.; JACCOUD, L.; NOGUEIRA, R. P. **Seguridade social**: redefinindo o alcance da cidadania. 2014. Disponível em: <http://repositorio.ipea.gov.br/handle/11058/4347?locale=pt_BR>. Acesso em: 19 out. 2019.

DEL PRIORI, M. (Org.). **História das mulheres no Brasil**. 10. ed. São Paulo: Contexto, 2017.

_____. O papel branco, a infância e os jesuítas na colônia. In: PRIORI, M. D. (Org.). **História da criança no Brasil**. 5. ed. São Paulo: Contexto, 1998.

DI PIETRO, M. S. Z. **Direito administrativo**. 20. ed. São Paulo: Atlas, 2007.

GASPARINI, D. **Direito administrativo**. 12. ed. São Paulo: Saraiva, 2007.

GÓES, J. R. de; FLORENTINO, M. Crianças escravas, crianças dos escravos. In: PRIORI, M. D. (Org.). **História da criança no Brasil**. 2. ed. São Paulo: Contexto, 2000.

GOMES, L. **1882**. Rio de Janeiro: Nova Fronteira, 2010.

_____. **1889**. São Paulo: Globo, 2013.

GOMES, L. de C. Da situação irregular à proteção integral (Do Código Mello Mattos ao ECA). **Revista da Escola da Magistratura do Estado do Rio de Janeiro**, Rio de Janeiro, v. 10, p. 142-151, 2007.

GUINMARÃES, Maria do C. L. **O debate sobre a descentralização de políticas públicas**: um balanço bibliográfico. 2002. Disponível em: <http://www.scielo.br/pdf/osoc/v9n23/03.pdf>. Acesso em: 19 out. 2019.

IAMAMOTO, M. V. **O serviço social na contemporaneidade**: trabalho e formação profissional. 9. ed. São Paulo: Cortez, 2005.

IBGE – Instituto Brasileiro de Geografia e Estatística. Estatísticas. **População**. Disponível em: <https://ww2.ibge.gov.br/home/estatistica/populacao/projecao_da_populacao/2004/metodologia.pdf>. Acesso em: 5 dez. 2019.

JUNQUEIRA L. A. P. A gestão intersetorial das políticas sociais e o terceiro setor. **Revista Saúde e Sociedade**, v. 13, n. 1, p. 25-36, jan./abr. 2004.

JUSTEN FILHO, M. **Curso de direito administrativo**. 2. ed. São Paulo: Saraiva, 2006.

LACAZ, F. A. de C. Precariedade, intensificação do trabalho e saúde do trabalhador: por uma postura anticapitalista das políticas sociais. In: LOURENÇO, E. A. S. (Org.). **Saúde do/a trabalhador/a e serviço social**: estudos da relação trabalho e saúde no capitalismo contemporâneo. São Paulo: Papel Social, 2016. p. 85-99.

LEITE, M. L. M. O óbvio e o contraditório da roda. In: PRIORI, M. D. (Org.). **História da criança no Brasil**. 5. ed. São Paulo: Contexto, 1998.

LIMA, L. L. da G.; VENÂNCIO, R. P. O abandono de crianças negras no Rio de Janeiro. In: PRIORI, M. D. (Org.). **História da criança no Brasil**. 5. ed. São Paulo: Contexto, 1998.

LONDOÑO, F. T. A origem do conceito menor. In: PRIORI, M. D. (Org.). **História da criança no Brasil**. 5. ed. São Paulo: Contexto, 1998.

MARCILIO, M. L. A roda dos expostos e a criança abandonada na história do Brasil: 1726-1950. In: FREITAS, M. C. de (Org.). **História social da infância no Brasil**. 9. ed. São Paulo: Cortez, 2016.

MEDAUAR, O. **Direito administrativo moderno**. 11. ed. São Paulo: Revista dos Tribunais, 2007.

MEDEIROS, L.; SANTOS, E. C. dos. Lei Maria da Penha: onze anos de conquista e muitos desafios. In: STEVENS, C. (Org.). **Relatos, análises e ações no enfrentamento da violência contra mulheres**. Brasília: Technopolitik, 2017. p. 234-258.

MEIRELLES, H. L. **Direito administrativo brasileiro**. 27. ed. São Paulo: Malheiros, 2002.

_____. **Direito administrativo brasileiro**. São Paulo: Melhoramentos, 2007.

MIRABETE, J. F. **Manual de direito penal**. São Paulo: Atlas, 2001.

MONTEIRO, W. B. **Curso de direito civil**: direito de família. 35. ed. São Paulo: Saraiva, 1997. v. 2.

MONTEIRO, W. B. **Curso de direito civil**: direito de família. 38. ed. São Paulo: Saraiva, 2007. v. 2.

MOREIRA NETO, D. de F. M. **Curso de direito administrativo**: parte introdutória, parte geral e parte especial. 12. ed. Rio de Janeiro: Forense, 2002.

MOTTA, A. M. R. A dignidade da pessoa humana e sua definição. **Revista Âmbito Jurídico**, n. 119, ano 16, dez. 2013. Disponível em: <https://ambitojuridico.com.br/cadernos/direitos-humanos/a-dignidade-da-pessoa-humana-e-sua-definicao/>. Acesso em: 19 out. 2019.

MOURA, E. B. B. Infância operária e acidente de trabalho em São Paulo. In: DEL PRIORI, M. (Org.). **História das mulheres no Brasil**. São Paulo: Contexto, 1998.

NUCCI, G. de S. **Código penal comentado**. 7. ed. São Paulo: Revista dos Tribunais, 2007.

_____. **Estatuto da criança e do adolescente comentado**. Rio de Janeiro: Forense, 2014.

ONU – Organização das Nações Unidas. **Declaração dos direitos da criança**. 20 nov. 1959. Disponível em: <https://www.dge.mec.pt/sites/default/files/ECidadania/Docs_referencia/declaracao_universal_direitos_crianca.pdf>. Acesso em: 19 out. 2019.

PASSETTI, E. O menor no Brasil Republicano. In: PRIORI, M. D. (Org.). **História da criança no Brasil**. 5. ed. São Paulo: Contexto, 1998.

PENHA, M. **Sobrevivi**... posso contar. 2. ed. Fortaleza: Armazém da Cultura, 2014.

RAGO, M. Trabalho feminino e sexualidade. In: PRIORI, M. (Org.). **História das mulheres no Brasil**. 10. ed. São Paulo: Contexto, 2017.

ROSSATO, L. A.; LÉPORE, P. E.; CUNHA, R. S. **Estatuto da criança e do adolescente comentado**. 5. ed. São Paulo: Revista dos Tribunais, 2013.

SIMÕES, C. **Curso de direito do serviço social**. São Paulo: Cortez, 2007.

SPOSATI, A. Proteção social e seguridade social no Brasil: pautas para o trabalho do assistente social. **Serviço Social e Sociedade**, São Paulo, n. 116, p. 652-674, out./dez. 2013.

STEIN, R. H. A descentralização como instrumento de ação política e suas controvérsias (revisão teórico-conceitual). **Serviço Social & Sociedade**, São Paulo, ano 18, n. 54, p. 75-96, jul. 1997.

TÁCITO, C. S. V. P. V. **1988**. 3. ed. Brasília, 2012. (Coleção Constituições Brasileiras, v. 7).

UNESCO – United Nation Educational, Scientific and Cultural Organization. **Declaração universal dos direitos humanos**. 1948. Disponível em: <http://unesdoc.unesco.org/images/0013/001394/139423por.pdf>. Acesso em: 19 out. 2019.

VERONESE, J. R. P.; ROSSATO, L.A.; LEPOLE, P. E. (Org.). **Estatuto da Criança e do Adolescente**: 25 anos, desafios e conquistas. São Paulo: Saraiva, 2015.

VERUCCI, F. A mulher no direito de família brasileiro: uma história que não acabou. In: COUTO, S. **Nova realidade do direito de família**. Rio de Janeiro: COAD/SC Ed. Jurídica, 1999.

WALD, A. **Direito de família**. 9. ed. São Paulo: Revista dos Tribunais, 1992.

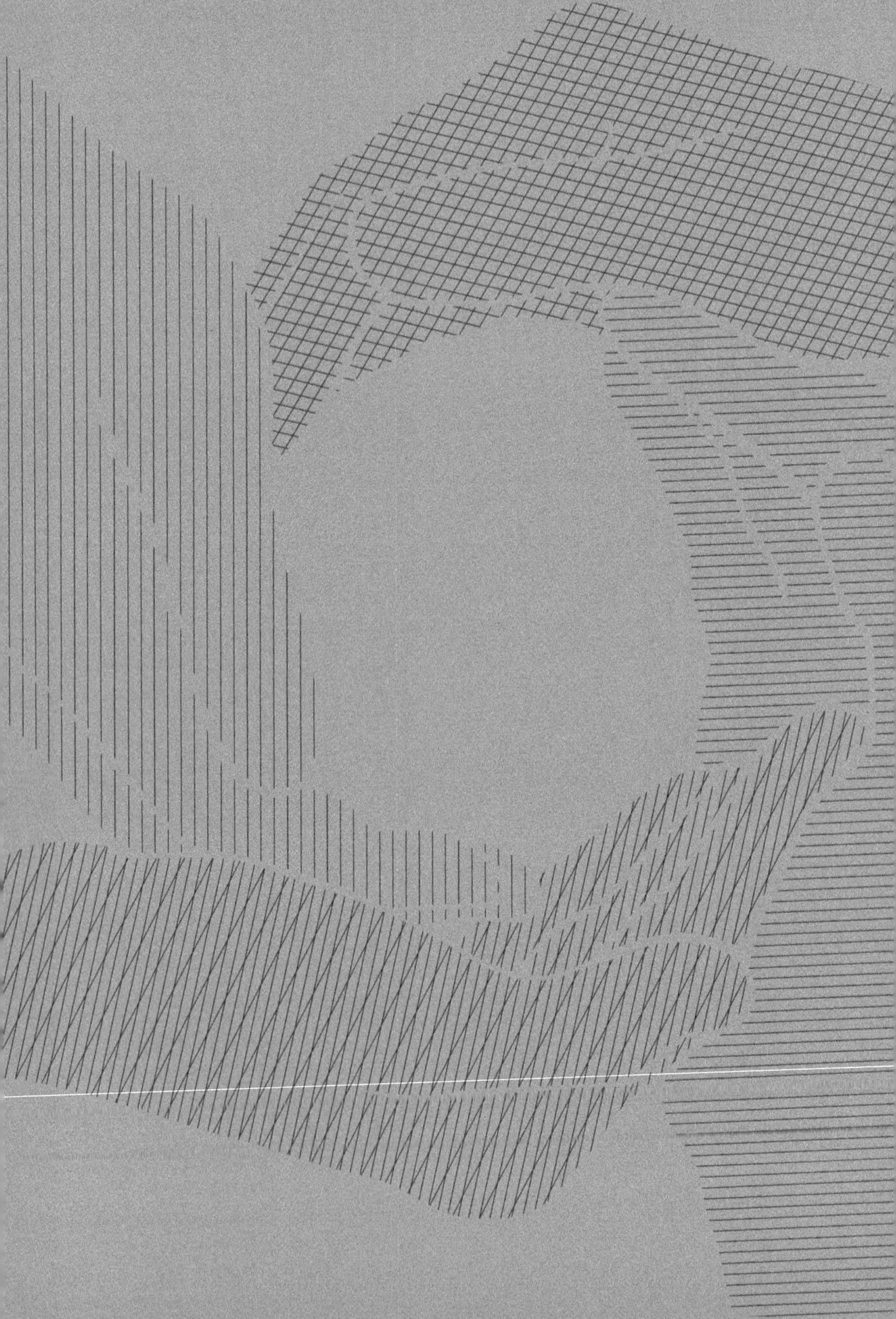

Respostas

Capítulo 1

Questões para revisão

1. a
2. Publicidade, legalidade, impessoalidade, moralidade e eficiência.
3. a
4. Seguridade.
5. d

Capítulo 2

Questões para revisão

1. a
2. Dignidade da pessoa humana.

3. a

4. b

5. Saúde, previdência social e assistência social.

Capítulo 3

Questões para revisão

1. a

2. c

3. a

4. O Código Penal de 1940.

5. Funabem significa Fundação Nacional do Bem-Estar do Menor e sua proposta de atendimento ao menor não estaria mais instituída nos fundamentos paliativos, empregados até então, mas retirando-se o foco da internação, visando à proteção da criança, com formação de pessoal especializado para esse fim, com fornecimento de assistência técnica especializada aos estados, aos municípios e às entidades públicas e privadas no auxílio aos juízes.

Capítulo 4

Questões para revisão

1. c

2. c

3. O direito à vida e à saúde e o direito à liberdade, ao respeito e à dignidade.

4. b

5. *Digno* significa ser merecedor, não porque tenha agido corretamente, mas como um direito fundamental, por se tratar de um ser humano.

Capítulo 5

Questões para revisão

1. d
2. b
3. d
4. Segundo a Resolução n. 113 do Conselho Nacional dos Direitos da Criança e do Adolescente (Conanda), o SGDCA é a articulação e a integração dos governos e da sociedade civil na aplicação de instrumentos normativos e no funcionamento dos mecanismos de promoção, defesa e controle para a efetivação dos direitos humanos da criança e do adolescente.
5. O Conanda foi criado pela Lei n. 8.242, de 12 de outubro de 1991, como o órgão responsável por tornar efetivo os direitos, os princípios e as diretrizes contidos no Estatuto da Criança e do Adolescente, Lei n. 8.069, de 13 de julho de 1990, sendo a instância máxima de formulação, deliberação e controle das políticas públicas para a infância e a adolescência. Além de ser o responsável pela definição dessas políticas, também fiscaliza as ações executadas pelo Poder Público no que diz respeito ao atendimento da população infantojuvenil e é responsável pela gestão do Fundo Nacional da Criança e do Adolescente, entre outras atribuições.

Capítulo 6

Questões para revisão

1. b
2. d
3. a
4. Constituição de 1946.
5. Constituição de 1988.

Sobre os autores

Amelia Aparecida Lopes Vieira Branco é graduada em Serviço Social pelas Faculdades Integradas Espírita (1999), bacharel em Direito pela Faculdade Estácio de Sá de Curitiba (2012) e especialista em Administração e Gestão da Qualidade e Produtividade pela Fundação de Estudos Sociais do Paraná (Fesp). Professora do curso de graduação de Serviço Social da Unifac – Associação de Ensino de Botucatu/SP desde 2015. Atua em capacitações nas áreas de assistência social, infância e juventude, direitos humanos e demais políticas públicas. Atua como assistente social da Associação Assistencial e Pedagógica Aitiara de Botucatu (SP). Atuou na coordenação da Proteção Social Especial da Secretaria da Família do Estado do Paraná e na área de Assistência Social (Proteção Social Básica e Especial).

Desenvolveu atividades como gerente de diagnóstico social, sendo responsável pela elaboração e desenvolvimento de projetos sociais em comunidades para regularização fundiária e implementação de políticas públicas. Atuou como coordenadora do Programa Aprendiz e do Programa Sentinela, como assessora do Conselho Tutelar, como secretária do Conselho Municipal dos Direitos da Criança e do Adolescente e como conselheira municipal da Assistência Socia. Desenvolveu atividades como técnica na elaboração de relatórios, laudos e pareceres sociais na Comarca de Campina Grande do Sul (PR). Atuou como assistente social do Programa de Proteção à Criança e ao Adolescente ameaçados de morte (PPCAM) no Paraná.

Gustavo Fernandes Emilio é mestre em Ciências Jurídico-Históricas pela Universidade de Coimbra em Portugal, com reconhecimento e revalidação pela Universidade Estadual Paulista (Unesp). Bacharel em Direito pela Faculdade de Direito de Bauru (ITE). Professor em cursos de graduação e de pós-graduação desde 2006, com atuação na Unifac – Associação de Ensino de Botucatu e na UNIBR – Faculdade de Botucatu. Avaliador de Cursos de Direito do Ministério da Educação, no Sistema Nacional de Avaliação da Educação Superior (Sinaes). Instrutor e supervisor pedagógico no Serviço Nacional de Aprendizagem Rural (Senar/AR-SP) desde 2004. Advogado com atuação no âmbito contencioso na área cível, com ênfase em Direito de Família e Sucessões e em Direito do Consumidor. Coautor da obra *Serviço social, direito e cidadania*, pela Editora InterSaberes.

Nilza Pinheiro dos Santos é especialista em Administração Planejamento e Assistência Pública pela Instituição Toledo de Ensino (ITE) de Bauru; em Administração Planejamento e Supervisão em Serviço Social pela Associação de Ensino de Botucatu (Unifac) e em e Administração em Recursos Humanos e Serviço Social pela Associação de Ensino de Botucatu (Unifac), graduada em Serviço Social pela ITE – Instituição Toledo de Ensino, Faculdade de Serviço Social de Bauru (Bauru/SP). Coordenadora e docente do curso de Serviço Social da

FIBs – Unifac (Botucatu/SP), desde março de 1985. Atualmente, ministra as disciplinas Fundamentos Teóricos Metodológicos do Serviço Social e Orientação e Supervisão para o trabalho de Conclusão de Curso. Presidente do NDE do Curso de Serviço Social e do Conselho de Curso. Presta assessoria e consultoria na área de serviço social, gestão pública municipal na área de gestão de pessoas, política da criança e adolescente. Aposentada pela Prefeitura Municipal de Botucatu, onde atuava na área de gestão de pessoas e regime próprio de previdência social. Membro do Conselho Municipal dos Direitos da criança e Adolescente (CMDCA), tendo sido Presidente CMDCA de Botucatu de abril 2013/2014; 2014/2015 e 1ª secretaria 2015/2016, Presidente de 2016/2017 e 2017/2018; e Vice-Presidente de 2018/2019, tendo participado do CMDCA de Botucatu desde 2001 como membro representante tanto do Poder Público quanto da sociedade civil, sempre compondo sua diretoria. Atualmente, é Presidente da ONG Centro Regional Registro Atenção aos Maus Tratos na Infância desde 1988 (sócia-fundadora e membro da diretoria) e Presidente da Comissão Municipal de Acompanhamento e Avaliação (CMAA), Programa "Prefeito Amigo da Criança", de 2009 a 2012; de 2013 a 2016 e de 2017 a 2020. Parecista e coautora das obras *Serviço social, direito e cidadania* e *Supervisão de estágio em serviço social: da formação ao exercício profissional*, pela Editora InterSaberes.

Os papéis utilizados neste livro, certificados por instituições ambientais competentes, são recicláveis, provenientes de fontes renováveis e, portanto, um meio **respons**ável e natural de informação e conhecimento.

FSC
www.fsc.org
MISTO
Papel produzido a partir de fontes responsáveis
FSC® C103535

Impressão: Reproset
Fevereiro/2023